관광 AI 실무 테크닉

관광 AI 실무 테크닉

관광의 미래를 이끄는 관광트렌드와 관광특화 AI 활용 가이드

1판 1쇄 2025년 3월 31일

지 은 이: 정민제

펴 낸 곳: 도서출판 선비북스

주 소 : 서울특별시 마포구 양화로 133 서교타워 1604호

팩 스 : 0504-325-8598

출판등록 : 제2021-000035호

이 메 일: sunbeebooks@naver.com

ISBN 979-11-91534-97-9

* 잘못 만들어진 책은 구입한 곳에서 교환해드립니다.

** AI 명칭은 모두 원문으로 표기하였습니다.

THE FUTURE OF TOURISM

한 발 앞서가는 **관광 AI**

실무 테크닉

정민제 지음

" 관광분야 실무를 위한 AI 활용법 총정리 "

관광의 미래를 이끄는
최신 관광트렌드와 관광특화 AI 활용 가이드

선비북스

프롤로그

2024년 한 해, '생성형 AI'를 주제로 200일 넘는 시간 동안 강의했습니다. 많은 수강생분들께서 제 강의를 '실용적'이라고 평가해 주셨습니다. 강의에서 저는 단순하게 AI 기능만을 소개하지 않습니다. 저는 계속 업데이트되고 있는 AI 도구를 어떻게 활용할 것인가에 대해 끊임없이 고민합니다. AI 도구나 이론에 치중하기보다 실제 제 업무에서의 AI 활용 사례를 시연하거나 해외 SNS 인플루언서의 AI 업무활용 사례를 전달합니다. 생성형 AI가 수강생들의 실생활에 스며들 수 있는 강의를 추구합니다. AI 기능을 그저 '아는 것'과 기능을 '실제로 사용하는 것' 사이에는 큰 차이가 있습니다.

감사하게도 많은 분이 이런 제 노력을 알아봐 주셨습니다. 좋은 강의 평가를 남겨주신 것은 물론이고, 주변 분들께 제 강의를 소개해 주셨습니다. 덕분에 저는 한국관광공사 등 공공기관 및 공기업은 물론, 대기업과 중소기업 그리고 대학과 협회 등 많은 곳에서 생성형 AI와 관련한 다양한 주제로 초청받아 강연과 강의를 할 수 있었습니다.

그중 대표적인 곳이 바로 한국능률협회와 한국관광스타트업협회가 주관한 '관광특화 AI 역량강화' 교육이었습니다. 코로나 이전 관광통역안내사로서 관광산업에 몸담았던 제 경험과 생성형 AI를 활용해 직접 책을 쓰고, 데이터 분석하고, 업무자동화를 해보았던 노하우가 합쳐져 큰 시너지가 났던 강의였습니다. 덕분에 저는 '관광특화 AI 역량강화' 교육 프로그램을 구성한 총 9개 세부과정 중 4개 과정을 맡아 강의를 진행했습니다. 4개의 서로 다른 과정에서 저는 관광산업 재직자분들뿐만 아니라 개발자, 관광사업체 임원 그리고 대표분들까지 다양한 분들을 만날 수 있었습니다. 강의를 통해 다양한 업무 배경을 가지신 수강생분들을 만나 호흡하며 생성형 AI가 관광 비즈니스의 미래를 어떻게 바꿀지 그리고 다가올 미래에 어떻게 대비해야 할지에 대해 의견을 공유할 수 있었습니다.

한국관광공사에서 진행했던 '미래형 관광인재교육' 프로그램에서는 '관광 AI' 분야 커리큘럼을 담당해 강의하기도 했습니다. 여행사, 호텔업, 관광연구원 등 여행 및 관광 분야 내 다양한 커리어로 활동하시는 분들을 만나 관광 분야에서의 AI 활용법을 공유했습니다. 또한, 한국관광협회중앙회가 주최하고 코레일관광개발에서 주관한 관광안내 인력교육에서 생성형 AI와 관광트렌드에 대해 강의하기도 했습니다. 서울에서 시작해, 부산, 경주, 대구, 대전, 익산, 제주 등 전국을 10회에 걸쳐 돌아다니며 강연했습니다. 관광안내 인력교육을 통해 전국에서 관광산업에 종사하시는 많은 분들과 소통할 수 있었던 뜻깊은 경험이었습니다. 해당 강연은 별도로 온라인 강의로도 촬영되어 무료로 관광 e배움터에서 수강할 수 있습니다.

1년 동안 강의하면서 많은 수강생으로부터 '강의 내용을 책으로 묶어주면 좋겠다'라는 요청을 받았습니다. 2024년 내내 거의 주말 없이 강의를 해오던 터라 책을 쓴다는 것이 부담스럽기도 했습니다. 그러나 현재 AI와 관광산업에 관한 서적이 없을 뿐만 아니라 지금 당장 관광 실무에 적용할 수 있는 관광특화 생성형 AI 활용 지침서가 필요하다고 생각했습니다. 좀 더 많은 분께 실질적인 관광특화 AI 활용법에 대해 알리고 싶었습니다. 더불어 시간 제약으로 인해 강의에서 미처 다루지 못한 여러 다양한 AI와 활용 노하우도 담고 싶었습니다. 이러한 동기로 저는 『관광 AI 실무 테크닉』을 집필하게 되었습니다.

책 구성은 크게 두 축으로 나뉩니다. 하나는 여행·관광 산업의 트렌드와 관광환경 변화를 다루는 부분입니다. 다른 하나는 ChatGPT를 비롯한 다양한 생성형 AI 도구를 실무에 적용하는 법을 자세히 소개하는 부분입니다. 코로나 이전과 이후를 비교하면, 관광 생태계는 크게 달라져 있습니다. 거기에 AI라는 강력한 기술 변수가 더해지면서, 우리 앞에는 또 한 번의 변곡점이 다가오고 있습니다. 이런 변화를 단순히 바라만 보기보다 AI를 적극적으로 수용하고 공부해야 합니다. AI가 촉발한 변화에 체계적으로 대비하여 새로운 기회를 만들어나가는 분들이 결국 새로운 관광 패러다임을 주도하리라 생각합니다.

저는 한 명의 강사로서 수강생분들께 항상 '실천'을 강조합니다. 이제 큰 예산이나 복잡한 프로그래밍 지식이 없어도 누구나 생성형 AI를 활용해 업무 프로세스를 효율화하고 고객 만족도를 높이는 '일잘러'가 될 수 있습니다.

관광 실무에서 바로 활용할 수 있는 AI 도구를 큐레이션하고 구체적인 활용 시나리오를 최대한 풍부하게 담았습니다. 예를 들어, ChatGPT를 이용해 여행일정표를 완성하고, SNS 콘텐츠를 작성하는 등의 활용 방법 및 사례를 담았습니다. 책에서 소개한 AI 도구들을 하나씩 차근차근 테스트해보시면서 업무에 적용해보세요. 업무생산성이 조금씩 향상되는 감각을 여러분들도 함께 느껴보셨으면 좋겠습니다. 더불어 제가 강의 현장에서 직접 마주했던 분들의 생생한 목소리를 반영해, '왜 지금 AI를 활용해야 하는가'에 대한 답을 함께 드리고자 노력했습니다.

『관광 AI 실무 테크닉』은 기술과 트렌드가 동시에 급변하는 시점에서, 관광산업의 미래를 한발 앞서 내다보고 대비하고자 하는 분들을 위한 안내서입니다. 요즘처럼 AI 기술이 하루가 다르게 폭발적으로 발전하고, 시장이 급변하는 시기에는 변화의 속도만큼 새로운 기회가 많이 생기기 마련입니다. 다소 미흡하더라도, 이 책이 여러분에게 새로운 아이디어와 실행 의지를 북돋우는 출발점이 된다면 더할 나위 없이 기쁠 것 같습니다.

마지막으로, 이 책을 완성하기까지 협조해주신 분들께 감사의 인사를 전합니다. 가장 먼저 항상 든든한 버팀목이 되어주시는 부모님께 감사드립니다. 안정적인 직장은 가지 않고 매일같이 가시밭길만 걸어간다고 안쓰러워하시는 어머니, 아버지! 두 분의 응원과 격려가 아니었다면 이 책은 세상에 나오지 못했습니다. 존경하고 사랑합니다! 더불어 저와 함께 작년 한 해 동안 강의를 통해 호흡해오신 많은 수강생분들께서 보여주신 열정이야말로, 제가 이 책을 쓸 수 있었던 큰 자극제였습니다. 고개 숙여 감사드립니다.

홍대 서교동 사거리에서
정민제 드림

THE FUTURE
OF TOURISM

1장

AI 관광 패러다임과 트렌드

01. AI 시대, 관광인재의 핵심역량은?

관광업과 저와의 인연은 오래전으로 거슬러 올라갑니다. 저는 '관광경찰대'에서 군복무를 했습니다. 의무경찰 어학특기병으로 입대하여 명동, 홍대, 이태원 등 주요 관광지에서 근무했습니다. 덕분에 일반적인 군복무와 달리 사람들의 왕래가 끊이지 않는 현장에서 여러 나라에서 온 관광객을 만났습니다. 그러다 보니 자연스럽게 관광산업이 지닌 매력과 잠재력을 느낄 수 있었습니다. 서로 다른 문화권의 관광객과 소통하면서 각자가 가진 시선과 이야기를 경험할 수 있었고, 관광산업이 창출하는 경제적·정신적 부가가치를 두 눈으로 확인할 수 있었습니다. 저는 군생활이라는 특별한 시기에 관광업을 경험했고, 이는 결과적으로 제 커리어 전체에 큰 밑거름이 되었습니다.

관광경찰대 의무경찰로 근무하면서 제가 종종 맡았던 임무 중 하나는 '무자격 가이드 단속 지원업무'였습니다. 2015년 무렵은 우리나라를 찾는 외국인 방문객 수가 전에 없이 빠르게 늘어나던 시기였습니다. 관광객수가 폭발적으로 증가하더니 관광통역안내사 자격증 없이 불법으로 가이드 활동하는 무자격 가이드가 많아졌습니다.

무자격 가이드 단속 지원업무 중 인상 깊었던 사건이 하나 있습니다. 무자격 가이드로 적발된 한 분이 제게 '관광산업에 대해 제대로 알지도 못하면서 단속하는 게 맞느냐?'는 취지로 날 선 말을 퍼부었습니다. 물론 그저 흘려들을 수도 있었지만, 곰곰이 생각해 보니 그 말이 맞는 측면도 있었습니다. 저는 관광경찰대 의무경찰로서 군복무하고 있었지만, 막상 관광산업에 대해 잘 알지 못했습니다. 바로 그 순간이 제게 전환점이 되었습니다. 관광산업을 공부해야겠다고 마음먹었습니다. 틈틈이 시간 날 때마다 '관광통역안내사(영어)' 자격시험을 준비했습니다. 그렇게 몇 달간 열심히 공부한 끝에 관광통역안내사 자격증을 2015년 말에 취득했고, 비슷한 시기에 있었던 '호텔서비스사' 자격시험도 함께 응시해 호텔서비스사 자격증을 취득하게 되었습니다. 자격증 취득을 통해 조금이나마 관광산업에 대해 공부할 수 있었던 것이죠.

전역 후 복학해서는 공부와 병행하며 프리랜서 관광통역안내사로 활동했습니다. 관광통역안내 스케줄이 생기면 현장에 나가 외국인 관광객을 인솔했습니다. 대학졸업 후에는 '에어비앤비(Airbnb) 체험 호스트'에 도전했습니다. 에어비앤비 체험(Airbnb Experience)은 공유숙박 플랫폼으로 유명한 에어비앤비에서 론칭한 당일 투어 플랫폼입니다. 에어비앤비 체험 호스트는 에어비앤비 플랫폼에서 활동하는 당일 투어 가이드인 셈이죠. 당시만 해도 에어비앤비 체험 호스트는 국내에선 생소했습니다.

에어비앤비 체험 호스트 가이드 책표지

저는 초기 멤버로 활동하면서 크고 작은 시행착오를 일일이 기록했습니다. 신촌에서 체험 호스트로 활동하면서 만난 전세계 여행객들과 소통한 내용을 정리했죠. 스웨덴에서 온 프로게이머는 물론, 실리콘밸리에서 활동하고 있는 앱개발자, 태국에서 부모님의 사업체를 물려받아 사업하는 친구들과 대화했던 내용을 다이어리에 적었습니다. 더불어 어떻게 호스팅을 해야 더 높은 만족도를 이끌어

낼 수 있는지에 대한 고민과 노하우 또한 상세하게 메모했습니다. 그렇게 이 자료들을 모아 제 첫 번째 책인 『에어비앤비 체험 호스트 가이드』으로 엮어낼 수 있었습니다.

하지만 에어비앤비 체험 호스트로 활동한 지 약 1년이 되는 시점인 2019년 말, 코로나19가 전 세계를 덮쳤습니다. 처음에는 금방 사그라들 거라 여겼습니다. 과거 메르스 사태처럼 조금만 지나면 다시 일상이 돌아올 줄 알았습니다. 그러나 점차 전 세계적으로 코로나19 감염자가 늘어갔습니다. 국가 간 이동이 전면 중단되면서 제가 운영하던 에어비앤비 체험 역시 더는 지속하기 어려워졌습니다. 국경이 봉쇄되니 외국인 관광객이 한국으로 여행 오지 못했습니다. 월매출액이 한순간에 바닥을 치게 되었습니다.

저는 생존하기 위해 고민을 거듭했습니다. 고민 끝에 비대면 트렌드에 맞춰 경제경영 전자책 전문 출판사를 창업하게 되었습니다. 사람들과 대면하기 어려운 상황 속에서, 비대면 트렌드에 발맞춰 전자책 출판에 뛰어든 것입니다. 감사하게도 이런 업종전환을 통해 빠르게 코로나 위기 극복을 할 수 있었습니다.

그런데 코로나19가 점차 완화되는 시점에, 또 다른 위기가 밀려왔습니다. 2022년 말, ChatGPT가 출시되었기 때문입니다. ChatGPT와 전자책 출판이 어떤 관련이 있는지 의아하실 겁니다. 저도 그랬으니까요. 공교롭게도 ChatGPT 출시 직후 전자책 매출이 급격하게 줄어들었습니다. 이후 원인을 차근차근 분석해 보니 저의 전자책 주요 독자층이었던 사업자나 프리랜서들이 전자책을 구매하기보다 ChatGPT에게 물어보고 경영적 해결책을 얻기 시작했던 것입니다. 이제 전자책을 통해 노하우나 정보를 얻기보다 손쉽게 ChatGPT에게 질문해 사업적 조언을 얻는 분들이 많아졌습니다. 특히 트렌드에 민감한 독자들이 제 주요 타깃이다보니 전환 속도가 예상 이상으로 빨랐던 것이죠.

전자책 매출이 떨어지는 상황을 가만히 서서 볼 수만은 없었습니다. 저는 또다시 변화의 길을 택했습니다. ChatGPT를 비롯한 생성형 AI의 흐름을 제대로 이해하고 활용해보자는 마음으로, AI에 대해 빠르게 학습하기 시작했습니다. 이미 코로나19때도 변화를 통해 새로운 방향을 모색해야 했던 저였기에, '한 번의 위기를 넘겼는데 다시 또 위기가?'라는 자조가 들기도 했습니다. 돌이켜보니 이러한 변화적응 경험을 통해 '결국 변화를 잘 수용하고 적극적으로 뛰어드는 사람이 시장에서 살아남을 수 있다.'는 진리를 체득하게 되었습니다.

최근 출간된 『트렌드코리아 2025』에서는 디지털 시대로의 전환기에 누가 더 잘 변화에 적응하느냐가 경쟁력의 결정적인 요소라고 말합니다. 예전에는 한 가지 전문 영역에 오래 머무르며 '지키는 것'이 성공의 요인이었습니다. 하지만 불가피하게 선택의 순간이 온다면, 기존 것을 놓고라도 적극적으로 '바꾸는 쪽'을 택해야 한다는 메시지는 제가 지금까지 몸소 체감해온 경험과 그대로 맞닿아 있었습니다. 관광산업은 복합 산업이기 때문에 여타 다른 산업 분야와 융합될 수밖에 없습니다. '관광산업'이라는 테두리 속에서 과거의 틀에 얽매여 새로운 가능성을 제한해서는 안 됩니다.

코로나19가 초래한 관광산업의 위기는 오히려 패러다임 전환의 '촉매제' 역할을 했습니다. 이제 우리에게 필요한 역량은 특정 분야의 기술이나 자격증이 아니라, '끊임없이 변화하고 도전하는 용기', 그 자체라는 생각이 듭니다. AI 시대가 본격화되면서 관광 분야 역시 데이터 분석, 디지털 마케팅, 고객 경험 디자인 등 어느 산업과도 다를 바 없이 영역이 세분화되고 고도화되고 있습니다. 결국, 모든 가능성을 열어두고 발 빠르게 움직이며, 트렌드를 이해하고 그에 맞춰 역량을 배양해나가는 사람만이 다가오는 AI 시대에서 경쟁력을 가지게 될 것입니다.

군 복무 시절에 관광경찰 의무경찰로 일했던 경험, 관광통역안내사 자격증을 비롯한 여러 관광 관련 자격증을 취득하며 키워온 전문성, 에어비앤비 체험 호스트로 도전해 기록을 남기고 책까지 출간했던 경험, 코로나19와 AI의 급격한 변화 속에서 좌절을 맛보기도 했지만, 다시금 일어서고자 노력했던 도전들. 이 모든 것들이 결국 저를 '업그레이드'해가는 자양분이 되었습니다. 그리고 깨달았습니다. 과거에 이룬 성과에 집착하기보다는 새로운 흐름이 나타날 때마다 기민하게 움직이고, 두렵더라도 변화의 파도에 올라타는 것이야말로 가장 강력한 생존 전략이라는 사실을 말입니다.

앞으로 관광산업은 지금보다 더 큰 변화를 맞이할 것입니다. 그럴수록 변하지 않는 사실이 있습니다. 새로운 환경에 적응하고, 디지털 기술과 트렌드를 적극적으로 수용하고, 새로운 변화와 도전을 멈추지 않는 자세가 핵심역량이라는 사실 말입니다. 과거에 집착하기보다 시대에 맞춰 똑똑하게 변화하는 인재가 관광산업의 미래를 이끌어 나갈 것입니다.

02. 관광산업의 현주소와 AI

　2024년은 관광업계에 또 한 번 강렬한 인상을 남긴 해였습니다. 코로나19 여파에서 벗어나는 듯 하자마자, 이번에는 전염병이 아닌 정치적 리스크가 불어 닥쳤습니다. 갑작스러운 계엄령 선포로 관광산업이 다시 충격에 빠졌습니다. 연말로 가까워질수록 관광객 수가 거의 코로나19 직전인 2019년 수준까지 회복되리라는 기대감이 컸지만, 12월 3일 비상계엄 발표 이후 많은 것이 달라졌습니다. 해외 관광객 투숙률이 60%가 넘는 서울 남대문에 위치한 한 호텔에서는 하루 만에 계엄령 관련 문의와 취소 요청이 쇄도했다고 합니다. 이뿐만 아니라 영국, 미국, 싱가포르, 일본 등 세계 주요 국가들은 한국 여행주의보를 발령하기도 했습니다. 전반적으로 상승 흐름을 탔던 관광시장의 성장세가 한풀 꺾이는 모양새입니다.

한국관광공사가 발표한 통계에 따르면 2024년 10월 방한 외국인 관광객 수는 전년 대비 30% 넘게 증가하며 2019년 수준의 94%까지 회복했습니다. 이렇듯 고무적인 수치가 이어지던 찰나, 계엄령 조치가 재를 뿌린 격이 된 것이죠. 여기에 환율 역시 1,400원 후반대까지 치솟으면서 여행을 떠나려는 사람들에게 심리적·경제적 부담이 더해졌습니다. 그런데 생각해 보면 이런 급격한 외부변수는 비단 지금만의 문제가 아닙니다. 우리는 이미 코로나19라는 큰 외부변수를 경험했습니다. 당시 많은 여행사가 문을 닫았고, 업계 종사자 상당수가 직장을 잃거나 다른 업종으로 전환했습니다. 관광종사자들 중 일부는 생계를 위해 디지털 플랫폼에서 일시적으로 계약해 일하는 '긱 이코노미'에 뛰어들었습니다. 제 주변 동료 중 쿠팡, 배달의 민족과 같은 디지털 플랫폼 앱을 통해 배달 업무나 단기 택배 상하차 아르바이트를 시작하는 분들도 꽤 많았습니다.

우리는 코로나19 이전의 관광산업의 상황을 되짚어봐야 합니다. 왜 관광 분야 일자리가 유독 타격이 컸는지를 중점적으로 말입니다. 첫 번째 이유로는 바로 '대면 중심의 서비스 구조'를 꼽을 수 있습니다. 여행은 직접적인 만남과 경험을 핵심으로 삼습니다. 코로나19 사태 당시 전염병의 확산을 막기 위해 '사회적 거리두기'를 통해 사람들 간의 왕래를 단절했습니다. 사람 간의 소통을 근간으로 하는 관광업에는 치명적이었죠.

두 번째 이유로는 '디지털 전환의 지체'를 들 수 있습니다. 비즈니스 모델이 비대면으로 급속히 전환되는 사회 흐름에 관광업계는 충분히 대응하지 못했습니다. 사실 당시에도 한국관광공사가 주도하는 미래형 관광인재 양성교육을 비롯한 디지털전환 사업들이 매년 진행되고 있었지만 역부족이었죠. 현시점까지도 관광업 종사자가 미래형 관광인재 교육받은 내용을 실무에 적용하기까지는 시간이 더 필요해 보입니다. 한 스타트업 대표는 이렇게 말하기도 했습니다. '기존 관광인력을 디지털 교육으로 전환하는 것보다, 차라리 IT 인재를 관광업으로 유입하는 편이 더 빠르다'라고요. 이 말을 듣고 저는 미래형 관광인재 양성 교육을 진행했던 사람으로서 직접 실무에 적용할 수 있는 실용적인 강의 콘텐츠를 개발해야겠다고 다짐하기도 했습니다.

세 번째 이유로 관광업이 중소 규모 기업과 프리랜서 위주로 구성돼 있다는 점이 있습니다. 자생적으로 위기를 대응하기에 구조적으로 취약하다 보니, 변수가 발생할 때마다 인력 이탈이 대거 일어나는 것이죠. 사실 조직 규모가 작으면 오히려 민첩하게 움직이기에 유리할 수도 있습니다. 그러나 실제로 만나본 관광업 종사자 중에는 '예전 방식이 그래도 가장 안전하다'는 생각에서 벗어나지 못하는 경우가 적지 않았습니다. 특히 관광통역안내사들의 경우, 선배들에게서 전수받은 전통적 가이드 방식을 크게 벗어나지 않는 모습이 눈에 띕니다. 이제는 변화가 불가피하다는 사실을 모두가 인지하지만, 막상 실질적인 실천에 옮기려면 두려움이 앞서는 것이죠.

자, 이제 관광산업의 현주소와 문제점을 검토할 때입니다. 코로나19로 인해 수면 위로 떠 오른 문제점들을 분석하고 고찰해야만, AI로 인해 또 한 번 변화될 관광트렌드에 적응할 수 있습니다. 첫 번째 문제는 관광인력 문제라 할 수 있습니다. 변화가 빠른 여행산업이지만, 한국 관광업 종사자의 경우 이러한 변화를 신속하게 수용하지 못하고 있습니다. 2021년 한국문화관광연구원이 출간한 관광산업 디지털 전환 보고서에 따르면, 관광사업체의 디지털 전환 수준은 평균 3.05로 평균인 4 이하로 평가되고 있습니다. 특히 중소 관광업체와 시니어 종사자들이 이러한 변화에 적응하기 어려움을 겪고 있습니다. 이는 곧바로 고용 불안정성으로 이어져 저임금 등으로 관광 핵심인력들의 이탈로 이어지고 있습니다.

기존 인력들이 디지털 전환 적응에 어려움을 겪는 사이 새로운 인력 유입마저도 줄고 있습니다. 관광학과 신입생이 급속하게 줄어들었습니다. 한국교육개발원 통계에 따르면, 2023년 관광 관련 학과 신입생 수는 7,516명으로 2013년 1만 80명 대비 25%인 2,564명이 감소했습니다. 변화를 이끌어 갈 수 있는 새로운 인력의 유입마저 줄어든다는 것은 AI 시대 관광산업으로 나아감에 있어 적신호가 켜졌다고도 볼 수 있습니다. 관광산업은 부가가치가 큰 산업이고 대부분의 선진국의 성장동력인 만큼 새로운 인력의 충원이 절실합니다.

두 번째 문제로는 과도한 관 주도의 관광 콘텐츠 차별화 및 품질 저하 문제가 있습니다. 중앙 정부는 물론이고, 전국의 지방자치단체는 여행 및 관광 분야에 많은 예산을 쏟고 있습니다. 그러나 문제는 이에 따라 관광산업 민간주체들이 정부 및 관에 의존적으로 된다는 점입니다. 이러한 관 주도의 접근 방식은 초기에는 효과적일 수 있었지만, 시간이 지남에 따라 지역별 특색을 살린 차별화된 관광 콘텐츠 개발을 저해하는 요인이 되었습니다. 특히 개개인의 취향이 중요해지는 초개인화 사회가 도래함에 따라 콘텐츠 다양성을 도출할 수 있는 환경이 절실하게 필요합니다. 그리고 그 환경은 적어도 정부 주도가 아닌 민간으로부터, 즉 상향식(Bottom-up) 방식으로 조성되어야 합니다.

수도권에 관광 수요가 집중된 현상, 또한 한국 관광산업의 오랜 문제 중 하나입니다. 외국인 관광객의 약 80%가 서울과 수도권을 방문하며, 이는 지역 간 경제 격차를 심화시키고 지방 관광지 개발을 저해하는 원인이 되고 있습니다. 지방 관광지는 인프라 부족과 제한된 마케팅 기회로 인해 수도권 관광지에 비해 상대적으로 낮은 경쟁력을 보인다는 사실은 어제오늘 일이 아닙니다.

최근 연이은 위기 상황은 관광산업의 취약점을 적나라하게 보여주었습니다. 그러나 동시에, 우리는 이러한 경험을 토대로 관광산업의 미래를 어떻게 준비해야 할지 배울 수 있었다고 할 수 있습니다. AI를 비롯한 디지털 기술은 새로운 시장 기회를 제공할 뿐 아니라, 관광업계의 고질적인 문제였던 대면 의존, 정보 불균형, 콘텐츠 획일화 등의 문제를 해결할 중요한 역할을 할 것입니다. 그렇다고 해서 기술만 도입한다고 모든 문제가 해결되는 것은 아닙니다. 관광산업에 종사하는 사람들, 즉 관광인재들이 어떻게 기술을 받아들이고 적극적으로 활용하느냐가 중요합니다. 전통적 방식에서 벗어나 디지털 시대에 맞춘 새로운 역량을 습득하고, 기존 사업모델을 뛰어넘어 과감히 혁신을 시도해야 합니다. 그리고 그 혁신의 근간은 이제 AI 활용 및 적용능력에 달려 있습니다.

03. 관광 AI 시대, 우리가 여행하는 방법

    관광산업은 전통적으로 사람들이 특정 목적지로 이동하여 그곳의 문화나 자연경관 혹은 레저활동 등을 체험하는 '대면' 중심의 산업입니다. 하지만 AI 기술이 본격적으로 확산하면서 여행객의 관심을 유발하는 지점부터 실제 여행행동, 그리고 사후 공유의 과정 전반이 '온라인'이라는 가상공간을 매개로 이루어지고 있습니다. 이와 같은 흐름 속에서 우리는 'AISAS(Attention-Interest-Search-Action-Share) 모델'을 바탕으로 현대 여행객들의 여행 패턴을 살펴볼 수 있습니다.

    우선, 여행객이 어떻게 여행 동기를 가지게 되는지에 대한 사례를 하나 들어볼까요? 2024년 6월 즈음, 저는 지방 강연이 있어 이른 새벽에 홍대 앞 지하철역으로 가던 중이었습니다. 이른 새벽인

데도 많은 사람들이 홍대 라인프렌즈(LINE Friends) 매장 앞에서 돗자리를 깔고 줄에서 앉아있었습니다. 줄의 중간 즈음 10대 쯤 되어 보이는 친구들이 보였습니다. 호기심에 말을 걸어 보니, 한국인이 아니라 대만에서 온 10대 관광객들이었습니다. 이들은 자신들을 아이돌 뉴진스(NewJeans)의 팬인 버니즈(Bunnies)라 소개하며 뉴진스와 라인프렌즈가 협업한 굿즈를 구매하기 위해 한국에 왔다고 말했습니다. 여행 온 목적이 이 굿즈 구매라고 말하며, 이들은 뉴진스 굿즈를 사면 바로 다시 비행기를 타고 대만으로 돌아갈 것이라 말했습니다. 이 친구들은 아이돌 뉴진스의 굿즈 구입를 구입하기 위해 한국으로 여행 온 것입니다.

이처럼 SNS나 온라인 플랫폼에서의 특정 콘텐츠를 보고 여행이 결정되는 경우가 많아지고 있습니다. 과거에는 관광지 자체가 여행의 주요 동기였다면, 이제는 K팝 굿즈나 인기 드라마, 예능 프로그램 촬영지와 같은 '콘텐츠'가 여행의 주요 동기이자 이유가 되고 있습니다. 이런 변화를 이해하기 위해서는 앞서 언급한 소비자 행동 모델인 AISAS 모델을 적용할 수 있습니다. AISAS 모델은 일본의 광고기획사 덴츠가 2000년대 인터넷 보급과 스마트폰의 급격한 확산에 맞추어 고안한 소비자 행동 분석 틀입니다. 이 모델은 크게 다섯 단계, 즉 Attention(주의), Interest(흥미), Search(검색), Action(행동), Share(공유)로 구성됩니다.

먼저 여행객의 Attention(주의)과 Interest(흥미)가 어떻게 형성되는가를 살펴볼까요? 우리는 보통 여행의 시작을 자동차나 비행기를 타는 순간으로 생각하지만, 실제로는 온라인에서 '스크린'을 통해 여정이 이미 시작되는 경우가 대다수입니다. 유튜브나 TV 프로그램을 보다가 특정 지역이나 관련 상품, 혹은 특정 문화콘텐츠에 주목(Attention)하고 흥미(Interest)를 가지게 되는 것이죠.

예컨대 우리는 TV 프로그램 '태어난 김에 세계 일주 시즌2'를 통해 여행지로서의 인도를 처음 접하고, 방송인 기안84가 인도에서 겪은 다양한 에피소드를 보며 '나도 저곳에 가보고 싶다'는 호기심이 생깁니다. 이것이 곧 실제 여행의 시작점이 되는 것이죠. 실제로 방송 이후 인도 여행에 관한 관심이 높아졌다는 뉴스 보도들도 나오기도 했습니다. 이를 관광 트렌드에서는 '스크린 투어리즘(Screen Tourism)'이라는 개념으로 부르는데요. 스크린 투어리즘은 TV 프로그램, 영화, 드라마에서 영감을 받아 해당 관광지를 방문하는 트렌드를 의미합니다. 특히 호텔스닷컴이 발간한 언팩24 보고서에 따르면 우리나라 여행객 4명 중 3명은 스크린 투어리즘을 통해 여행지를 결정한다고 합니다.

이로 인해 '생성형 AI'의 역할이 더욱 중요해지고 있습니다. 생성형 AI는 새로운 창작물을 생성합니다. 예를 들어, 특정 지역을 홍보하기 위해 해당 지역의 문화를 결합한 가상의 스토리를 만들거나, K팝과 연계한 AR(증강현실) 콘텐츠를 기획할 수 있는 것이죠. 이처럼 인공지능을 활용해 여행객이 주목하고 흥미를 느낄 만한 콘텐츠를 만들고 스토리텔링을 강화할 수 있다면, 온라인상에서 여행객의 주의(Attention)와 흥미(Interest)를 끌 수 있습니다. 나아가 여행객의 여행지 결정에 큰 영향을 미칠 수 있죠.

ImageFX로 출력한 '스크린 투어리즘'

다음 단계인 Search(검색)에서는 AI를 활용한 검색 도구가 중요한 역할을 담당합니다. 기존에는 구글검색을 통해 텍스트 기반의 자료를 찾아보고, 블로그나 SNS 후기 등을 참고했는데요. 이제 Perplexity나 Genspark와 같은 AI 검색 서비스를 통해 개인의 취향별 맞춤형 정보를 더욱 정교하게 제공하게 되었습니다. 예컨대 사용자의 여행 취향, 예산, 일정 등을 실시간으로 고려해 항공권과 숙소, 액티비티 예약 정보를 일괄 제공할 수 있죠. 검색 과정 자체가 개인 맞춤화·자동화되면서, 여행객들은 한층 수월한 의사결정을 할 수 있게 됩니다. AI는 취향이나 목적에 따라 관련 자료를 자동으로 필터링 해주기 때문에, 키워드 검색에 의존했던 과거의 방식에서 새로운 차원의 탐색이 열리고 있죠.

이 과정에서 AI는 더 많은 역할을 할 수 있습니다. 예를 들어, 여행자들이 리뷰를 남긴 콘텐츠를 분석해 특정 지역의 숨겨진 명소나 덜 알려진 활동을 추천하는 데 활용될 수 있죠. 또한, AI는 사용자가 원하는 언어로 실시간 번역을 제공함으로써 언어 장벽을 허물고 편리하게 여행을 계획하도록 도울 수 있습니다. 나아가, AI는 여행 전 계획부터, 여행 후까지 모든 여정을 지원하는 개인 맞춤형 비서로 작동할 수 있습니다. 이는 특히 낯선 타지를 여행하는 여행객들에게 유용하죠.

세 번째 단계인 Action(행동)에 이르면 드디어 여행객은 실제로 이동하고 숙소에 투숙하거나 액티비티를 즐기게 됩니다. AISAS 모델의 다섯 단계 중에서, 대면 서비스가 실질적으로 이뤄지는 유일한 단계가 바로 이 지점입니다. 그만큼 현장경험은 중요하며, 이때의 만족도가 여행 전체의 평가를 좌우하는데요. 문제는 이미 온라인으로 충분한 정보를 수집해 기대치가 높아진 상태의 여행객을 만족시키려면, 오프라인 현장에서도 예상했던 스토리나 테마가 일관된 네러티브로 구현되어야 한다는 점입니다. 이 부분이 굉장히 중요한데요. 예를 들어 BTS를 좋아하는 해외 팬이 BTS 뮤직비디오 촬영지에 방문했다면, 단순히 촬영 장소뿐만 아니라 BTS 관련 전시나 굿즈, 사진 스폿 등이 체계적으로 마련되어야 합니다. 이게 바로 온라인의 경험이 오프라인으로 이어지는 네러티브라 할 수 있습니다. 온라인과 오프라인을 연결해 여행객의 기대치를 충족시킬 수 있죠.

마지막 단계인 Share(공유)는 현대 여행객이 온라인을 통해 자신의 체험을 재생산하고 확장하는 과정입니다. 인스타그램에 사진을 올리거나, 유튜브나 블로그에 후기 영상을 제작해 올리는 행위는 단순한 기록을 넘어 또 다른 소비자에게 '주의와 흥미'를 불러일으키는 촉매제로 작용합니다. 이렇듯 한 명의 소비자인 여행객이 생산한 콘텐츠가 또 다른 잠재 소비자 또는 여행객의 여행 동기에 불을 붙이는 구조가 만들어지고, 이는 다시 AI를 통한 콘텐츠 편집 및 배포 기술의 고도화로 인해 더욱 빨라지고 있습니다.

결과적으로, AISAS 모델 적용을 통해 현대사회에서 여행객들이 여행하는 여행 패턴의 특징을 상세하게 분석해 볼 수 있습니다. 여행객은 모바일폰이나 TV 스크린에서 처음 목적지를 접하고 (Attention, Interest), AI 기반 검색으로 효율적이고 맞춤화된 정보를 얻은 뒤(Search), 그러한 정보들을 바탕으로 여행을 계획한 뒤 여행을 떠나고(Action), 여행이 끝난 후에는 다시 온라인에 여행후기를 공유(Share)합니다. 강조하고 싶은 점은 바로 여행객들의 여행 결정은 이미 오프라인이 아닌 온라인에서 결정이 된다는 것입니다.

따라서 더 많은 관광객들을 유치하기 위해서는 앞으로 많은 역량을 오프라인이 아닌 온라인에 쏟아야 할 것입니다. 더불어 여행 동기를 불러일으킨 온라인에서 오프라인으로 이어지는 탄탄한 네러티브 설계를 통해 더 많은 여행객 유치를 할 수 있습니다. 더 나아가 이러한 AISAS 모델의 순환속도가 AI 기술로 인해 더욱 가속화된다는 점에 주목할 필요가 있습니다. AI를 통해 단 몇 초 만에 만들어진 여행 콘텐츠를 통해 여행객의 관심과 흥미자극하고, 여행객이 해당 여행지에 관한 정보를 AI를 통해 쉽게 검색할 수 있습니다. 그뿐만 아니라 AI를 통해 여행객들의 여행후기를 쉽게 SNS 등에 공유할 수도 있죠.

관광 AI 시대에 여행객의 행동 패턴은 AISAS 모델로 상징되는 디지털 중심의 흐름 속에서 나타나고 있습니다. 뉴진스 굿즈를 사기 위해 대만에서 새벽 비행기로 날아온 사례에서 볼 수 있듯, 온라인으로부터 시작된 관심과 흥미가 여행의 원동력이 되고 있습니다. 미래 관광산업은 경복궁과 같은 관광지와 같은 '장소'에 국한되지 않습니다. K팝을 비롯한 문화콘텐츠나 예능 프로그램 같은 다양한 형식의 콘텐츠가 곧바로 실제 여행 동기로 전환될 수 있기 때문입니다. 그리고 이러한 전 과정에서 AI 기술을 통한 개인화·자동화·창의적인 스토리텔링이 더욱 중요해질 것입니다. 오프라인과 온라인을 매끄럽게 연결하는 '네러티브(Narrative)의 설계'가 얼마나 치밀하게 이루어지느냐가 관광 AI 시대의 성패를 가르게 될 것입니다.

04. 관광 및 여행 트렌드의 세 가지 방향

코로나19 이후 관광산업은 이전과는 전혀 다른 경향을 보입니다. 이번 장에는 코로나19와 함께 살아가는 위드코로나 혹은 엔데믹 시대의 관광트렌드에 대해 이야기하고자 합니다. 코로나19로 인해 변화된 여행트렌드에 대해 많은 학술적인 연구가 이뤄지고 있는데요. 개인적으로 표면상의 변화에 관한 서술에 그치고 있다는 점이 아쉽습니다. 따라서 근본적인 원인에 관한 탐구가 필요하다고 생각합니다.

저는 현상에 대한 원인을 분석할 때 핵심 단어로 묶어 설명하는 것을 좋아합니다. 엔데믹 시대 관광트렌드를 관통하는 단어를 하나로 종합하자면 '평균의 실종'(The Vanishing of the Normal)이라 할 수 있습니다. 익스피디아(Expedia)가 매년 발간하는 여행 트렌드 리포트에서는 이를 'No Normal'이라고 표현하기도 했는데 요. 여기서 노멀(Normal)의 사전적 뜻을 찾아보면, '기준에 순응하는' 또는 평균 또는 보통이라고 합니다. 다시 말해, 평범함 또는 보통이라는 기준 자체가 사라졌다는 뜻으로 해석해 볼 수 있습니다.

과거 우리는 어떠한 기준을 따랐습니다. 많은 사람이 공유하거나 보통이라고 생각하는 그러한 기준 말입니다. 어린이는 애니메이션을 시청했고, 청소년들은 H.O.T 그리고 핑클과 같은 아이돌이 나오는 뮤직뱅크를 시청했습니다. 아버지들은 퇴근 후 9시 KBS 뉴스를 시청했고, 어머니들은 10시에 방영되는 연속극을 본방사수했죠. 모두가 세대마다 평균적으로 비슷한 행동 패턴을 보였습니다. 그들의 평균이 바로 기준이 되었습니다.

여행도 마찬가지입니다. 모두가 좋아할 만한 여행상품이 기획되고, 많은 사람들이 비슷비슷한 패키지여행으로 해외를 누볐습니다. 하지만 지금은 다릅니다. 평균과 기준이 실종된 시대이기 때문입니다. 모두 각자의 취향이 온전히 존중받기를 원합니다. 그 누구도 자신만의 취향을 평균에 타협하고 싶어 하지 않습니다. 그렇게 우리는 어떤 것이 평균이라고 지칭하기 어려워진 시대 속에 살게 되었습니다. 평균, 즉 중간이 사라진 것입니다.

흔히 평균이 실종되었다고 하면, 우리는 양극화만을 떠올리기 마련입니다. 양극화는 중간 없이 양극단으로 분포하는 것을 의미합니다. 하지만 평균 실종의 경향은 양극화만을 의미하지 않습니다. 극이 여러 개인 N극화, 그리고 한쪽으로 쏠린 단극화 경향성도 평균의 실종 양상 중 하나입니다. 정리하면 평균의 실종은 양극화, N극화, 단극화과 같은 3가지 모습으로 나타난다고 할 수 있습니다. 저는 이제 평균의 실종의 3가지 경향을 바탕으로 코로나19 이후 엔데믹 시대의 관광트렌드를 본격적으로 분석하고자 합니다.

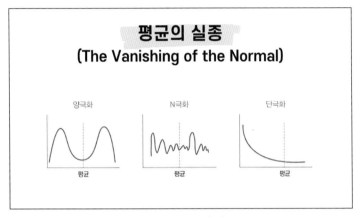

평균 실종의 3가지 양상

먼저 양극화 트렌드부터 차근차근 살펴볼까요? 코로나19 직후 여행경험의 양극화가 심화되고 있습니다. 한국문화관광연구원이 발표한 2021년 국민여행조사에 따르면 가구소득별 관광여행 경험률이 2019년까지 가구소득별로 큰 차이를 보이지 않았던 관광여행 경험률이 코로나 직후인 2021년에는 점점 격차가 벌어졌다는 것을 확인할 수 있습니다. 가구소득별 1인당 평균 여행 횟수도 마찬가지입니다. 2019년 100만 원 미만 집단에서의 횟수 감소폭은 600만 원 이상의 집단보다 두드러지게 큰 것을 확인할 수 있습니다. 점점 여행은 물질적 풍요가 뒷받침되어야만 할 수 있는 전유물화가 되고 있다는 것이죠. 이제는 돈이 없으면 여행하기 힘든 시기가 되어가고 있습니다.

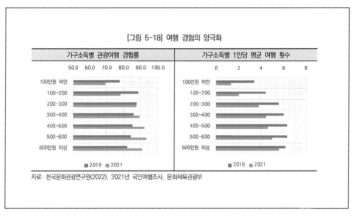

여행 경험이 양극화되고 있다.

또한, 어려운 경제로 인해 2024년 한 해 동안 일본 여행과 패키지투어가 증가했다는 것 역시 양극화의 방증입니다. 사실 패키지투어는 개별여행객의 취향이 다변화됨에 따라 점점 지양되는 여행방식으로 점쳐졌던 것이 사실입니다. 그러나 2024년 패키지투어가 소규모화되고, 여행객들이 여러 옵션들을 추가해 커스터마이징이 가능해짐에 따라 다시 인기를 얻고 있습니다. 그뿐만이 아니라 이제 가격적으로 합리적이라는 인식이 생기고 있기도 합니다. 더불어 엔저 현상으로 인해 2024년에는 정말 많은 사람들이 일본여행을 다녀왔습니다. 한 여행사 대표는 강의에서 일본여행이 인기인 이유로 가격이 저렴해서가 주요 이유라고 말하기도 합니다. 그만큼 가성비 여행이 인기를 얻고 있다는 것이죠.

결국 경제침체가 계속되고 있는 와중 이제 여행을 결정할 때 시간을 아껴주고, 돈을 아껴주는 방식이 선호되고 있습니다. 이러한 선호의 연장선이 바로 패키지투어로 귀결됩니다. 여행은 가고 싶지만, 주머니 사정이 넉넉하지 않은 이들에게 최적의 여행지는 일본이었던 것입니다. 사람들은 비용을 고려하여 가까운 곳으로 여행합니다. 과거 여행이라고 하면 해외만을 떠올렸는데요. 이제는 국내여행을 떠나는 이들도 점점 많아지고 있습니다. 국내여행 경험률은 점점 증가하고 있는 추세입니다. 국내 여행 경험률은 2023년 91.8%로, 2020년 이후 조금씩 증가하고 있습니다.

여행이 일상 속으로 스며들고 있습니다. 큰 계획을 세우고 떠나는 여행이 아니라 가까운 곳으로 지금 당장 더 자주, 가볍게 떠날 수 있는 여행을 선호하는 이들이 점점 더 많아지고 있습니다. 이에 따라 여행업의 대표적인 특성 중 하나인 성수기와 비수기의 경계가 희미해지고 있습니다. 이제 더는 성수기에 여행객이 엄청 몰리고 비수기에 한산했던 과거 호텔 풍경을 보기 어렵게 되었습니다. 누구나 언제든 마음만 먹으면 떠날 수 있는 여행 환경이 마련된 것이죠.

여행 일상화로 인해 각광받고 있는 여행 스타일이 있습니다. 바로 워케이션입니다. 일을 뜻하는 '일(Work)'와 '여행(Vacation)'이 합쳐진 용어로 이제 사람들은 일과 여행 경계를 구분 짓지 않습니다. 여행지로 떠나 그곳에서 업무시간에 일을 하고 업무 외 시간에는 여행을 다니기도 합니다. 이러한 흐름에 발맞춰 서울산업경제진흥원(SBA)과 한국관광공사는 워케이션을 장려하기 위한 다양한 지원금 등을 제공하기도 합니다. 지자체들은 워케이션 명소들을 개발하여 많은 '워케이셔너'들을 모객하고 있습니다.

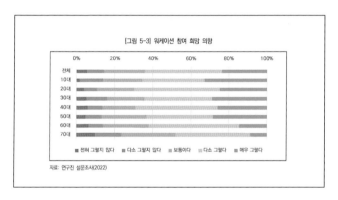

연령대별 워케이션 참여희망 설문조사

이와 같은 여행 트렌드의 배경에는 코로나19를 언급하지 않을 수 없습니다. 우리는 코로나로 인해 비대면, 원격 근무를 상당 시간 동안 해야만 했습니다. 이에 따라 우리는 사무실 밖에서도 일할 수 있는 인류로 진화했습니다. 사무실에 얽매이지 않고 일하는 인류를 우리는 '디지털노마드(Digital Nomad)'라 부릅니다. 노트북 한 대를 들고 떠돌아다니면서 일을 하는 사람들이죠. 해변에서 칵테일을 마시면서 여유롭게 일을 하는 디지털노마드의 모습은 많은 사람들이 선망하는 대상으로 여겨지기도 합니다. 또한, 디지털 플랫폼에서 일감을 받아 일하는 긱워커들의 등장도 주목해야 합니다. 이들의 업무는 시간 단위가 아닌 업무 또는 과업 단위로 정산되는데요. 따라서 이들 역시 자기가 원할 때만 일할 수 있고, 그렇지 않을 때는 일하지 않고 여행을 떠날 수 있습니다. 노동을 시간에 제약받지 않고 선택적으로 제공할 수 있는 것이죠.

디지털노마드(출처: ImageFX)

여행 일상화와 새로운 패턴의 업무방식의 등장에 우리나라 정부도 빠르게 대응하고 있습니다. 법무부에서는 2024년 초 디지털노마드(워케이션) 비자를 운영해 해외 원격근무자들이 국내에서 여행하면서 체류할 수 있는 비자를 시범적으로 운영하고 있습니다. 물론 국민총소득의 2배 이상인 연소득 8,496만 원 이상인 디지털노마드만으로 한정되지만, 앞으로 점점 더 많은 해외 디지털 노마드들이 한국에서 일하면서 여행할 수 있는 제도가 마련될 것으로 보입니다. 특히 워케이션의 경우 전연령대에서 선호하는 여행방식으로 앞으로 계속해서 성장해 향후 주류 여행패턴이 될 것으로 보입니다.

이에 따라 한국관광공사는 디지털 관광주민증이라는 제도를 시범적으로 운영해 인구소멸지역으로의 여행을 촉진하는 신선한 정책을 내놓기도 했습니다. 이를 통해 인구소멸지역으로 여행을 유인해 지역경제를 활성화와 여행 활성화라는 두 마리 토끼를 잡을 수 있죠. 디지털 관광주민증을 활용하면 KTX 할인과 여러 관광 관련 비용을 할인받을 수 있으니 '대한민국 구석구석' 사이트를 방문 및 확인해 디지털 관광주민증 발급을 받아 보세요.

출처: 대한민국 구석구석

이제 양극화의 다른 극단을 살펴볼 차례입니다. 경제적인 어려움으로 인해 여행의 비용을 아끼고자 노력하는 것과 달리 '이왕 여행을 떠났으니 제대로 누리자'와 같은 프리미엄 또는 럭셔리 투어리즘의 경향성도 무시할 수 없습니다. 이러한 추세를 직감할 수 있는 것은 바로 고급펜션입니다. 실제 2024년 여름 숙박 예약 서비스 플랫폼 '온다(ONDA)'에 따르면 60만 원 이상 고급펜션 예약이 2023년 대비 52.3% 증가하기도 했습니다. 이제 펜션은 단순한 숙박이 아닌 테마공간으로 변모하고 있습니다. 특히 반려동물이나 아이들과 함께 여행하는 이들을 위한 럭셔리펜션의 경우 예약이 3개월 이상 밀리는 경우도 많습니다.

럭셔리 경험의 화룡점정은 바로 신라호텔 망고빙수로 꼽을 수 있습니다. 2024년 현재 기준 망고빙수의 가격은 10만 원을 넘었는데요. 많은 사람들이 색다른 경험을 위해 신라호텔을 방문해 입장 순번표를 받아 망고빙수를 먹고 체험하고 있습니다. 럭셔리투어를 하는 이유로 대부분 이왕 여행하는데 특별하게 여행하고 싶다는 동기가 주요한 부분을 차지합니다. 이들에게는 상대적으로 가격은 중요하지 않습니다.

신라호텔 망고빙수 (출처: 신라호텔 웹사이트)

럭셔리 투어의 기저에는 '나'를 소중히 하는 트렌드가 작용한 것으로 해석할 수 있습니다. 열심히 일한 나에게 무언가를 선물하는 형태의 여행도 많아지고 있습니다. 건강이나 웰빙에 대한 관심이 높아진 상황입니다. 특히 우리나라의 MZ 세대의 경우 번아웃 증후군을 겪는 비율이 높은데, 이는 아무래도 어려워진 경제 상황과 대비해 높아진 기대치를 사회적으로 수용하지 못해 이상과 현실의 갭이 벌어진 탓이라고 조심스럽게 해석해 볼 수 있는데요. 이로 인해 많은 이들이 개개인의 건강 및 웰빙에 투자하는 방식 중 하나로 여행을 선택하고 있습니다.

한국 MZ 세대 번아웃 경험 비율(출처: 동아일보)

시니어의 경우도 마찬가지입니다. 특히 60년대생, 즉 베이비붐 세대의 은퇴가 진행됨에 따라 제2의 인생을 설계하고자 하는 욕구가 증가하고 있습니다. 베이비붐 세대 역시 은퇴 후 고민을 바탕으로 새로운 계획을 세우기 위해 여행을 선택하고 있습니다.

이러한 상황 속에서 가깝고 가볍게 여행하는 것이 아닌 '각 잡고' 멀리 떠나려는 여행이 반대급부적으로 늘어가고 있습니다. 캠핑을 떠나거나 숲으로 떠나는 숲캉스와 시골로 떠나는 촌캉스가 인기입니다. 나의 생활 터전에서 멀리 떠나 이들은 새로운 힐링을 하고자 합니다. 나아가 이제 이들은 저 멀리 도시를 떠나 별이 보이는 곳으로 여행을 떠나고 있습니다. 바로 요즘 뜨고 있는 '천문 관광'인 것이죠. 별과의 교감을 위해 그들은 도시를 떠나 공기 좋고 물 좋은 곳으로 떠납니다. 해외에서는 현재 미주와 유럽을 중심으로 서로 집을 바꿔 살아보는 Home Exchange도 성행하고 있습니다. 다른 사람과 내 집을 서로 바꿔 살아보는 여행경험을 하는 것이죠. 이처럼 많은 사람들은 이제 단순한 여행에서 벗어나 비용보다는 특별한 경험을 위해 여행을 떠나기도 합니다.

출처: Home Exchange 홈페이지

양극화 트렌드에 이어, 이번에는 여행산업에서 중요한 두 가지 흐름인 'N극화'와 '단극화'에 대해 살펴보고자 합니다. 먼저 N극화란 각 개인의 취향과 선호도가 세분화되고 다양화되는 현상을 의미합니다. 과거에는 비슷한 취향을 공유하는 대중적 흐름이 강했다면, 이제는 누구도 하나의 틀에 얽매이길 원치 않는 시대가 되었습니다. 예컨대 2030 세대가 MZ 세대로 분류되는 것을 기피하듯, 사람들은 특정 집단으로 뭉뚱그려지는 것을 불쾌해 하기도 합니다. 따라서 N극화 시대에는 개개인의 독특한 취향에 부합하는 맞춤형 서비스가 각광받고 있습니다. 이러한 초개인화 트렌드 속에서 AI 기술은 더욱 주목받고 있습니다.

개개인의 취향이 독자적으로 부각되는 '핵개인의 시대'에서 우리는 여행을 즐기는 다양한 집단이 급부상하는 모습을 확인하고 있습니다. 대표적으로 시니어층의 여행 참여 증가가 눈에 띕니다. 의료기술이 발달하면서 건강하게 활동할 수 있는 노년층이 늘고, 이에 따라 시니어 여행객의 국내외 이동량도 크게 증가했습니다. 2024년 경기연구원이 발표한 '시니어 관광 1천만 시대를 열자' 보고서에 따르면 65세 이상 고령층의 국내 여행 관광 여행 경험률이 84.5%로 달했습니다. 해외여행도 점점 시니어의 비중이 높아지고 있습니다. 여행사 '노랑풍선'에 따르면 60대 이상 해외여행객 비중이 24.6%를 차지했고, 70대 고객층의 여행참여도도 2023년보다 2024년에 약 77% 이상 성장하는 모습을 보이기도 했습니다.

강아지, 고양이 등 반려동물을 키우는 이른바 '펫팸족'들의 여행 참여 증가도 주목해 볼만 합니다. 한국관광공사의 보고서(2024)에 따르면 반려동물과 함께 국내여행을 떠난 경험이 있다고 응답한 비율이 74.1%이었습니다. 또한, 제주항공에 따르면 2024년 1~7월 반려동물 동반 탑승 실적은 1만 1,324건으로 코로나19 이전인 2019년 기간 실적인 4,121건과 비교하면 약 3배 가까이 증가한 수준이었습니다. 통계에서 살펴볼 수 있듯 그동안 반려동물과 동반 여행이 어려웠던 과거와 달리 반려동물과 함께 여행하는 펫팸족들이 여행에서 큰 손이 되고 있는 것을 우리는 확인할 수 있습니다. 이러한 추세에 따라 'Sky Nine'에서는 런던에서 두바이로 가는 항공편을 반려동물과 함께 탑승하는 상품을 내놓기도 했습니다.

펫투어리즘

최근 몇 년 사이 비건(Vegan) 트렌드의 확산도 이 같은 N극화의 한 예시입니다. 과거에는 국내에서 채식 식당을 찾기 어려웠지만, 이제는 '채식지도'가 따로 만들어질 정도로 비건 레스토랑이 늘어나고 있습니다. 또한, 혼자만의 여행을 선호하는 '혼행족'도 빠른 속도로 증가하고 있는데요. 한 설문조사 결과에 따르면 우리나라 여행객 중 90% 이상이 혼자 여행을 긍정적으로 바라보고 있습니다. 이에 따라 1인용 객실이나 1인식 좌석을 갖춘 식당이 늘어나고, 각종 숙박업소에서도 '나 홀로 여행 패키지'를 구비하기 시작했습니다. 이러한 변화들은 개인의 생활 방식과 가치관을 존중하는 사회적 분위기가 여행문화에도 스며들고 있음을 보여줍니다.

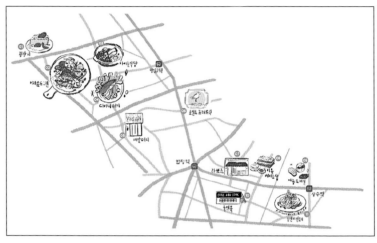

홍대 앞 비건지도

AI 기술이 발달함에 따라 장애인들의 관광접근성 또한 급신장할 것으로 보입니다. 다음 링크(https://shorturl.at/fkGSz)를 통해 ChatGPT의 GPT-4o 고급 음성 기능(Advanced Voice Mode) 시연을 살펴보면, 시각장애인이 등장합니다. 시각장애인은 버킹 엄 궁전 앞에 가서 ChatGPT에게 지금 궁전 안에 왕이 있느냐고 물어봅니다. ChatGPT는 카메라에 보여지는 궁전의 깃발이 올라 간 것을 단서로 현재 왕이 안에 있다라고 답변합니다. AI가 장애 인의 눈과 귀가 되어주고 있는 것입니다. 영상의 말미에서는 장애 인이 혼자 택시를 잡는 상황을 보여줍니다. 장애인은 ChatGPT에게 택시를 잡고 싶다고 말하고, 곧이어 택시가 다가오고 있습니다. ChatGPT는 택시가 오는 속도에 맞춰 손을 흔들라고 말하고, 장애인은 손을 흔들어 혼자 택시를 잡습니다. 이는 시각장애인이 혼자 AI 도구를 활용해 여행할 가능성을 보여줍니다. 저는 개인적으로 AI 기술이 더욱 발전하면 여행산업의 주요 수요층으로 장애인분들이 급부상할 것이라 예측합니다.

ChatGPT 고급음성기능을 사용하는 장애인

이와 같이 여행객 개개인의 취향이 다변화될수록, 관광지마다 자신의 고유한 지역문화를 강조하는 경향이 뚜렷해지고 있습니다. 예컨대 제주도는 해녀 문화가 담긴 '해녀의 부엌'이라는 체험형 관광 상품을 만들어 많은 관심을 끌었습니다. 전주에서는 한복을 입고 한옥마을을 누비는 프로그램이 히트치기도 했습니다. 이는 여행객이 자신의 특별한 취향을 충족시킬 만한 '지역 특색' 있는 프로그램을 찾고 있기 때문입니다. 그러다 보니 지역마다 고유의 이야기를 중심으로 한 관광상품 기획이 활발히 이뤄지고 있습니다.

자, 이제 단극화 트렌드에 대해 살펴보고자 합니다. 단극화라는 것은 한쪽으로 쏠리는 현상을 의미하는데요. 저는 단극화 트렌드에서 주목해야 할 점이 바로 여행 플랫폼, 즉 Online Travel Agency, 즉 OTA에 대해 이야기하고자 합니다. 비대면 트렌드를 이끈 코로나19를 지나오면서 OTA 점유율이 급속하게 성장했습니다. 이제 여행사를 통해 여행을 하는 사람보다 마이리얼트립과 같은 OTA를 통해 여행상품을 온라인으로 구매해 여행을 하는 사람들이 더욱 많아지고 있습니다. 또한 이들은 여행객들의 데이터들을 누적하고 있어, 데이터가 중요한 AI 시대에 성장이 더욱 가속화될 것으로 보이는데요.

우리가 흔히 관광산업에서 흔히 OTA를 이야기하면, 우리는 야놀자, 마이리얼트립, 에어비앤비와 같은 기업들을 떠올리기 마련입니다. 저는 여기서 조금 더 OTA의 범주를 넓게 봐야 한다는 점을 강조하고 싶습니다. 최근 공유차량업체인 쏘카(Socar)는 쏘카 스테이(SOCAR STAY)라는 브랜드를 론칭해 숙박업까지 진출했습니다. 이처럼 기존 여행업으로 분류되지 않는 산업군의 플랫폼이 여행업으로 진출하는 케이스는 점점 많아지고 있습니다. 온라인포털인 네이버, 모바일메신저 플랫폼인 카카오도 여행업에 진출했습니다. 또한, 대표적인 이커머스 업체인 쿠팡 또한 여행업에 진출해 있습니다. 이처럼 OTA의 경우 플랫폼의 산업 간 경계가 모호합니다.

쏘카스테이

따라서 우리는 여행 플랫폼, 즉 OTA의 범주를 넓게 볼 필요가 있습니다. 그 예시로 요즘 2030 대표 커뮤니티앱인 '문토'를 보면, 그곳에서는 단순한 커뮤니티 모임을 하는 것이 아니라 이들은 서로 모여 일본여행을 함께 계획하기도 하고, 요트를 함께 타거나 국내 여행을 함께 가기도 합니다. 단순한 커뮤니티 플랫폼이라고 생각했던 곳에서 여행 플랫폼의 기능을 담당하기도 하는 것입니다. 또 다른 예시로는 커뮤니티앱 '남의집'이라는 플랫폼이 있습니다. 이곳에서도 마찬가지입니다. 집이라는 공간을 넓게 보면, 모이는 공간으로 해석할 수 있습니다. 이에 따라 해당 플랫폼에서는 파티룸 또

는 요트, 차 등 다양한 공간에서 여행을 하는 콘텐츠를 쉽게 찾아볼
수 있습니다.

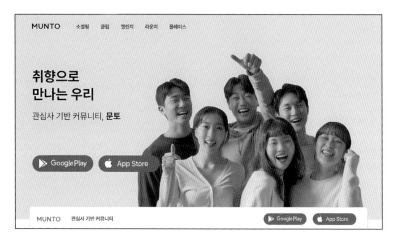

커뮤니티 플랫폼 '문토'

05. 관광산업에 AI를 활용해야 하는 이유

저는 다양한 산업군 종사자들을 대상으로 생성형 AI 강의를 진행하고 있습니다. 본업인 출판 분야는 물론이고, 공무원, 교직원들을 대상으로 강의하기도 합니다. 또한, IT 개발자, 게임산업 종사자 그리고 대기업이나 중소, 중견 기업의 임직원분들을 대상으로 생성형 AI 강의를 해왔습니다. 그중에서도 관광업 종사자분들과 만날 때마다, 상대적으로 AI에 대한 수용도가 낮다는 인상을 받았습니다. 관광산업에 애정이 많은 저로서는 굉장히 안타깝게 생각하는 지점입니다.

왜 AI에 관한 관심과 수용이 유독 관광산업에서 낮을까요? 혹자는 광산업에서 AI 도입이 더딘 이유로는 '대면 서비스' 중심이라는 점을 꼽기도 하는데요. 여행사나 숙박업체의 서비스는 고객과 직접 마주하여 소통하는 데 초점을 맞춥니다. 하지만 AI 역시도 대면 서비스 업무 효율성을 높이고, 데이터 분석을 통해 여행객들에게 맞춤형 경험을 제공할 수 있습니다. 예를 들어, 예약 시스템으로 고객 취향을 분석해 상품을 추천하고, 챗봇으로 간단한 문의를 즉각 처리할 수 있죠. 결국 대면 서비스의 장점을 살리면서도 AI를 활용하면 개인 맞춤형 서비스를 제공함에 따라 고객 만족도를 올릴 수 있는 것이죠. 따라서 단순히 대면 서비스라는 산업적 특성으로 인해 AI 수용도가 낮다는 이유는 설득력이 낮습니다.

따라서 저는 관광산업의 산업적 구조에 따른 교육의 기회 부족이 AI 활용이 저조한 궁극적 원인이라 생각합니다. 2021년 기준 관광산업의 경우 연간 매출 5억 원 미만 기업이 92%에 달하며, 고용 인원 10명 미만 기업이 88%를 차지하고 있습니다. 여행사나 PCO 등은 규모가 작아, 별도의 연구개발 투자나 기술 도입이 쉽지 않죠. 또한, 이러한 기업들은 정부 지원에 상당 부분 의존하다 보니, AI 교육 프로그램이나 시스템 구축에 대한 자체 역량이 부족합니다. 결국 AI 기술에 대한 적절한 교육의 기회와 수용 역량 부족이 원인이라 할 수 있죠.

최근 들어 한국관광공사를 비롯한 여러 관광 관련 공공기관이 AI 트렌드에 발맞춰 빠르게 대응하고 있습니다. 대표적인 사례로는 한국관광공사가 주관하는 '미래형 관광인재 양성 교육'을 들 수 있는데, 2023년에는 '관광 ICT 기초 및 심화' 과정을 통해 AI 강의가 진행되었고, 이어 2024년에는 '생성형 AI를 활용한 관광 마케팅 전략'이라는 주제로 교육이 확대되었습니다. 또한, 한국관광협회중 앙회에서도 2024년 '관광안내인력교육'의 핵심 주제로 AI를 다루 면서, 관광 인력의 AI 역량 강화를 적극적으로 지원하고 있습니다. 저 또한 이들 기관과 함께 관광산업 종사자들이 AI 기술을 수용해 업무 생산성을 높일 수 있도록 열심히 강의해 왔습니다.

그렇다면 AI를 관광산업에 접목해야 하는 가장 큰 이유는 무엇일 까요? AI를 통해 여행객의 선호도, 과거 여행 이력 등을 고려해 개 인 맞춤형 여행을 기획할 수 있기 때문입니다. 예시를 통해 설명드 리겠습니다. 방한 여행객 모두가 똑같이 경복궁을 보기 위해 서울 을 방문하지 않겠죠? 각각의 여행 목적과 취향은 다르기 마련입니 다. 어떤 이들은 K-pop 팬으로서 한국을 방문하기 하고, 어떤 이 들은 한국 음식을 체험하고 싶어 서울을 방문합니다. 이렇게 여행 목적이 서로 다른 사람들을 대상으로 똑같은 여행 코스를 짠다면 어떨까요? 여행의 만족도는 그리 높지 않을 것입니다.

하지만, AI를 활용한다면 쉽게 맞춤형 여행경험을 제공할 수 있 습니다. AI 검색 도구 중 Perplexity를 활용해 간단하게 시연해 드 리겠습니다. 만약 K-pop 아이돌, 특히 블랙핑크를 좋아하는 미국 인 10대 소녀가 서울을 2박 3일 동안 방문한다고 가정해 보겠습니 다. 그렇다면 우리는 정보 및 맥락을 Perplexity에 그대로 입력해 맞춤형 여행 일정표를 출력해 볼 수 있습니다. 같이 한 번 살펴볼까요?

> K-pop 아이돌 중 특히 블랙핑크를 좋아하는 미국인 10
> 대 소녀가 2박 3일 동안 서울을 방문하려 합니다. 소녀
> 가 좋아할 만한 관광지를 5곳을 먼저 리스트업해서 표로
> 나타내 주세요.

위와 같이 프롬프트를 입력했더니 Perplexity는 다음과 같은 답
을 도출해 냈습니다. 모든 관광지가 K-pop과 블랭핑크와 연관되
어 있습니다. 케이팝을 좋아하는 소녀에게 딱인 관광지들입니다.

❀ 답변

블랙핑크와 K-pop 팬을 위한 서울 관광지를 다음과 같이 추천해드립니다.

관광지	주소	특징	운영시간
락고재	서울 북촌한옥마을	블랙핑크 2020 여름 다이어리 화보 촬영지이며, 미슐랭 가이드에도 소개된 전통 한옥 호텔 [1]	상시 운영
K스타로드	압구정로데오역~청담사거리	아이돌 상징의 아트 토이가 전시된 1km 거리로, 블랙핑크를 포함한 K-pop 스타들의 상징물 관람 가능 [7] [8]	24시간
SM타운코엑스아티움	강남 코엑스	K-pop 아티스트들의 발자취를 전시한 뮤지엄과 기념품 숍, 카페 운영 [7]	유료 입장
도자기 카페 줄	서울 신촌로4길 11	블랙핑크 멤버들이 '24/365 with BLACKPINK' 촬영한 도자기 체험 카페 [1]	11:00-20:00
YG 더 세임 E	서울시 마포구	YG엔터테인먼트가 운영하는 카페로 블랙핑크의 소속사 건물 근처 [1]	매장 문의 필요

이 관광지들은 블랙핑크의 발자취를 따라갈 수 있으며, K-pop 문화를 직접 체험할 수 있는 장소들입니다. 특히 K스타로드와 SM타운은 다양한 K-pop 아티스트들의 문화를 한 번에 경험할 수 있는 인기 관광지입니다 [2].

Perplexity 답변

위 장소들을 바탕으로 2박 3일 여행일정표를 구체적으로 표 형식으로 만들어 주세요.

✳ 답변

K-pop 팬을 위한 서울 2박 3일 맞춤 여행 일정을 소개해드립니다.

시간	장소	활동 내용	교통
1일차			
10:00-12:00	SM타운코엑스아티움	SM 아티스트 뮤지엄 관람, 기념품 쇼핑 1	지하철
12:00-13:30	코엑스몰	점심 식사	도보
14:00-16:30	K스타로드	압구정로데오역~청담사거리 구간의 '강남돌' 아트토이 관람 및 사진 촬영 1 9	도보
17:00-19:00	YG 더 세임	YG 엔터테인먼트 카페 방문	지하철
19:30-21:00	홍대 거리	K-pop 길거리 공연 관람 1	지하철

Perplexity에서 출력한 여행일정표 중 일부

어떤가요? K-pop을 좋아하는 소녀의 취향을 중간중간 담으면서 동시에 서울을 곳곳을 알차게 체험할 수 있도록 설계된 여행일정표가 단 몇 초 만에 완성되었습니다. 이처럼 AI를 잘 활용할 수 있다면 개인 맞춤형 여행일정을 정말 쉽게 완성할 수 있습니다.

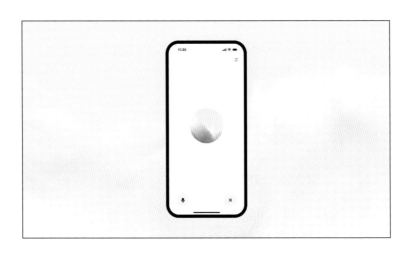

ChatGPT Advanced Voice Mode

또한, AI를 활용하면 통번역이 용이해집니다. 사실 관광산업 종사자의 핵심역량 중 하나가 바로 외국어 능력인데요. 이제 AI를 활용한다면 언어 장벽을 손쉽게 허물어트릴 수 있습니다. 특히 ChatGPT의 Voice Mode 기능을 활용해 실시간 통번역 보조를 받아 외국인과 원할한 소통이 가능합니다. 간단하게 ChatGPT에게 다음과 같이 요청하면 통역기로 변환됩니다.

> 앞으로 내가 한국어로 이야기하면 ChatGPT, 당신은 영어로 내가 말한 내용을 번역해 말해야 하고, 영어가 들리면 영어를 한국어로 번역해 나에게 말해줘야 합니다. 준비되었을까?

이뿐만 아니라 ChatGPT는 사진을 인식할 수 있어, 외국어로 된 메뉴판을 찍어 올려 번역을 요청하면 아래와 같이 실시간 번역도 가능합니다. 이와 같은 기능을 통해 여행 편의성을 올릴 수 있습니다.

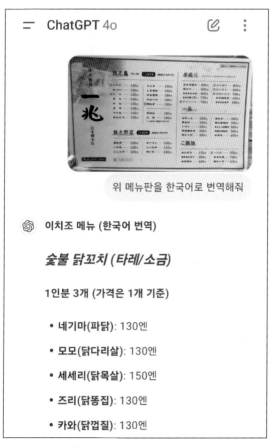

ChatGPT Vision Function

AI를 활용한다면 24시간 컨시어지 역할을 해낼 수 있습니다. 사실 여행을 하다보면 정말 예상치 못한 일들이 많이 일어납니다. 그때마다 우리는 도움을 요청해야 하는데요. 만약 일어날 수 있는 여러 문제점과 이에 대한 대처방안을 학습한 AI 챗봇이 있다면 어떨까요? 우리는 그러한 챗봇을 간단하게 만들어 낼 수 있습니다. 바로 ChatGPT의 Custom GPTs를 활용해서 말이죠. 자주 일어나는 일들을 문서화하여 챗봇에 학습시켜 언제 어디서든 문의할 수 있도록 할 수 있습니다.

ChatGPT의 Custom GPTs 만들기

마지막으로 만약 여러분이 여행상품을 마케팅해야 한다면, 생성형 AI는 이제 필수입니다. 마케팅 아이디어 기획부터 이미지 생성 및 피드백까지 모두 AI를 활용해 누구보다 빠르게 마케팅 콘텐츠를 만들어 볼 수 있기 때문입니다. 지금까지 왜 관광산업에 AI를 꼭 접목해야 하는지에 대해 간단하게 언급했습니다. 사실 이는 시작에

60

불과합니다. 이제 더 본격적으로 살펴볼까요?

THE FUTURE
OF TOURISM

2장

관광 분야 생성형 AI 가이드

06. 생성형 AI 분류와 현황

여러분들이 책을 읽는 바로 이 순간에도 많은 AI 서비스가 출시되고 있습니다. 저 역시 강의하는 입장에서 매번 새로운 AI 도구를 테스트하고 강의안을 업데이트하기가 부담되기도 합니다. 그러나 빠르게 업데이트되고 있는 AI 서비스를 적극 레버리지해 실무에 적극적으로 도입한다면 업무 생산성이 눈에 띄게 높아집니다. 그렇기에 저 역시 매일 AI를 연구하고 공부하고 업무에 적용하고 있습니다.

관광분야 종사자에게 특히 도움이 될 수 있는 생성형 AI 도구가 무엇일까 참 많이 고민했습니다. 또, 엄청나게 많은 생성형 AI 도구들을 어떤 기준으로 분류하고, 설명해 드려야 할지 연구했습니다. 사실 강의에서는 수많은 AI 도구를 하나하나 설명드리지 않습니다.

몇 개의 핵심 AI 도구만 간추려 설명합니다. 다만, 이번에는 지면의 힘을 빌려 새로운 시도를 해보려 합니다.

먼저 설명을 위해 생성형 AI 도구를 매체별로 분류하였습니다. 더불어 출력 형식을 기준 삼아 총 4개 유형으로 구분하였습니다. 4개 유형을 나열하자면 '텍스트 기반 생성형 AI', '이미지 기반 생성형 AI', '오디오 기반 생성형 AI' 그리고 '동영상 기반 생성형 AI'입니다. AI 도구가 생성하는 최종 산출 값이 동영상이라면 동영상 기반 생성형 AI 도구로 분류하는 식입니다. 그리고 이러한 4개 유형에 분류될 수 있는 수많은 생성형 AI 도구들을 하나씩 설명드리겠습니다. 물론 중요도가 높은 생성형 AI 도구일 경우 구체적으로 다양한 기능을 소개해 드릴 예정입니다. 반면, 상대적으로 중요도가 낮은 생성형 AI의 경우 필요한 부분만 간략하게 안내해 드리겠습니다.

핵심은 최대한 많은 생성형 AI 도구를 소개드린다는 점입니다. 현재 많이 알려지지 않고, 사람들의 사용도가 낮은 도구이지만, 성장 가능성이 있다면 지면에 담았습니다. 앞으로 어떤 생성형 AI 도구가 잘나갈지 예상하기가 어렵기 때문입니다. 시간이 지날수록 예상이 점점 더 어려워지고 있습니다.

일례로 2024년 초까지만 하더라도 ChatGPT의 성능보다 구글의 Gemini의 성능이 좋지 않았습니다. 강의 때 점점 Gemini를 언급하는 횟수가 줄어들었고, 결국 Gemini는 제 강의에서 소개되지 않았었습니다. 그러나 최근 구글에서 AI 관련으로 많은 업데이트를 진행했고, Gemini 성능이 엄청나게 좋아지고 있습니다. 특히 Google AI Studio에서 제공하는 모델들의 답변 품질이 눈에 띄게 나아지고 있습니다.

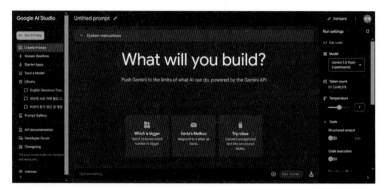

Google AI Studio

이뿐만이 아닙니다. 후술할 검색 AI 도구에도 지각 변동이 일어나고 있는 상황입니다. 2024년 말까지만 하더라도 검색 AI 분야에서 Perplexity의 입지는 굳건했습니다. 아마존 창업자 제프 베조스가 Perplexity의 성능을 극찬하면서 투자를 하기도 했죠. 더불어 한국기업인 SK텔레콤도 이어 약 1,000만 달러를 투자하기도 할 만큼 Perplexity가 AI 검색 시장에서의 입지를 늘려나가고 있었습니다. 그러나 ChatGPT에서 Search GPT를 출시해 한층 성능 좋은 AI 검색 기능을 출시하자 빠른 성장세가 다소 꺾인 것으로 평가받고 있습니다. 더불어 Genspark AI와 Felo AI로 인해 앞으로 AI

검색 시장이 어떻게 될지 아무도 예측하기가 어려워졌습니다.

ChatGPT SearchGPT

이처럼 한때 잘나가고 좋다고 평가받던 AI 서비스도 다른 경쟁 서비스 등장으로 한순간에 많은 사용자의 이탈이 벌어지고 있습니다. 대표적으로 2023년 4월, ChatGPT에서 PDF와 같은 파일을 첨부할 수 있는 기능을 도입했습니다. 당시 PDF 첨부를 통한 AI 분석을 하는 서비스를 제공하는 AI 도구로는 ChatPDF가 있었는데요. ChatGPT의 새로운 기능 도입에 따라 ChatPDF는 급격한 사용자수 감소를 보이기도 했습니다. 저 역시 2024년 초까지만 하더라도 주요 AI 도구로 설명했던 ChatPDF를 강의안에서 제외했습니다.

최근 ChatGPT는 맥락을 똑똑하게 이해하는 o1 모델 시리즈를 출시하고, 글쓰기 교정교열을 지원하는 Canvas 기능을 론칭했습니다. 이로 인해 글쓰기에 강점이 있었던 경쟁 AI인 Claude 구독했던 주변 지인분들이 하나둘씩 구독을 취소하기도 했습니다. 글을 쓰는 입장에서는 내 글의 맥락을 잘 이해하고, 글까지 편집해주는 ChatGPT 하나로 충분했던 것이죠. 이처럼 생성형 AI 도구는 업데이트 순간마다 주요 AI 서비스가 바뀔 수 있습니다. 따라서 『관광 AI 실무 테크닉』에서는 중요한 기능과 영향력이 있다고 판단되는 AI 서비스를 모두 소개해 드리고자 합니다.

2장에서는 병렬식으로 여러 다양한 AI 서비스를 소개해 드릴 예정입니다. 최대한 많은 AI 서비스를 소개해 드리고, 관련 핵심기능들을 언급한 뒤 3장에서는 생성형 AI를 어떻게 관광분야에 활용할 수 있을지에 관한 내용을 담고자 합니다. 2장에서 언급한 생성형 AI를 구체적으로 어떻게 활용해 관광 실무의 업무생산성을 높일 수 있을지에 대해 설명하고자 합니다. 그럼 바로 AI 도구들에 대해 함께 살펴볼까요?

07. 텍스트 기반 생성형 AI

이번 장은 첫 번째 유형으로 텍스트 기반 생성형 AI에 대해 상세하게 설명하겠습니다. 현시점을 기준으로 볼 때 모든 생성형 AI의 경우 텍스트를 기반으로 무언가를 생성합니다. 텍스트를 입력해 이미지를 출력하기도 하고, 오디오나 영상을 출력하는 것이죠. 그만큼 텍스트는 생성형 AI의 기본 중 기본입니다. 이때 AI와 소통하기 위해 입력한 텍스트 기반의 명령 또는 질문을 프롬프트(Prompt)라고 부르죠. 우리는 텍스트 형태로 AI에게 질문의 맥락과 조건 그리고 요청사항을 입력해 결과물을 얻습니다.

이제 텍스트가 최종 결과물로 출력되는 텍스트 기반 생성형 AI에 대해 본격적으로 알아볼까요? 텍스트 기반 생성형 AI의 경우 '콘텐츠 생성', 'AI 검색', '요약', '자료 정리 및 번역' 그리고 '연구'를 위한 생성형 AI, 총 5가지로 분류할 수 있습니다. 사실 생성형 AI를 정확하게 5가지의 범주로 구분하기는 어렵습니다. 다만, 주요 역할 및 기능을 기준으로 설명 편의상 생성형 AI를 구분해 살펴보도록 하겠습니다.

먼저 콘텐츠 생성에 특화된 기본 모델들에 대해 살펴보겠습니다. 대규모 데이터를 사전학습해 다양한 작업에 적용될 수 있는 생성형 AI 모델을 다른 말로 파운데이션 모델(Foundation Model)이라고 부르기도 합니다. 파운데이션 모델은 비지도 학습을 통해 훈련되며 가장 핵심적인 특징은 범용성을 지닌다는 점입니다. 다양한 작업을 수행할 수 있도록 설계되어 있어 콘텐츠 생성을 비롯한 다양한 작업을 처리할 수 있죠.

ChatGPT 모델 리스트

우리가 잘 알고 있는 OpenAI사의 ChatGPT가 대표적인 파운데이션 모델에 해당합니다. 콘텐츠 생성을 비롯한 거의 모든 업무를 우리는 ChatGPT를 활용해 처리할 수 있습니다. 마케팅 아이디어를 물어볼 수 있고, 블로그나 에세이를 작성할 수 있고, 데이터 분석은 물론 프로그래밍할 수도 있죠.

2025년 초 현재, ChatGPT에는 다양한 모델이 출시되어 있습니다. 2022년 11월, ChatGPT는 GPT-3.5 모델이 출시된 이래로 빠른 속도로 다양한 모델들을 선보였습니다. 현재는 GPT-4o를 기본 모델로 시작해 똑똑한 모델인 o1과 o1-mini 모델 그리고 기타 과거 모델인 GPT-4 모델로 구성되어 있습니다.

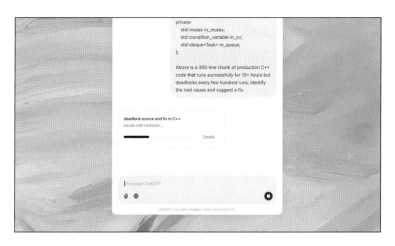

o1-Pro Mode

만약 여러분이 월 $200 비용이 드는 Pro 플랜을 구독한다면 여기에 o1-Pro 모드를 사용할 수 있습니다. o1-Pro 모드는 현존하는 가장 똑똑한 AI 모델이라 평가받고 있습니다. 특히 수학 및 과학과 같은 논리적 문제 해결과 코딩 및 프로그래밍 그리고 데이터 분석 및 비즈니스 인사이트를 도출하는 데에 특화된 모델입니다.

더불어 o1 모델 후속 모델인 o3-mini를 시작으로 o3 모델 시리즈도 출시될 예정입니다. 이처럼 ChatGPT는 빠르게 업그레이드되고 있습니다. o1 모델 시리즈보다 뛰어날 것으로 예상되는데 얼마나 뛰어날지 많은 이들의 기대를 모으고 있습니다.

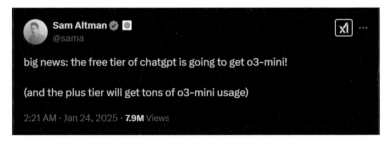

o3-mini 출시와 관련해 언급하는 OpenAI CEO

ChatGPT 구독 플랜의 종류에 대해 살펴보도록 하겠습니다. 가장 먼저 무료 플랜이 있습니다. 무료로 GPT-4o 모델 등을 사용할 수 있는데요. 단순한 작업의 경우 문제 없이 무난하게 사용할 수 있지만, 복잡한 과업을 처리할 때 답변 사용횟수가 약 10번으로 제한되는 등의 제약사항이 있습니다. 다음으로는 가장 기본적인 유료구독제인 플러스 플랜이 있습니다. 가장 많은 분이 이용하고 있는 요금제입니다. 플러스 플랜의 경우 무료 플랜보다는 제약사항이 덜한 편입니다. 플러스 플랜은 월 20달러의 요금이 부과됩니다. 이때 주의할 점은 부가가치세가 포함되면 최종 비용이 22달러가 된다는 점입니다. 따라서 부가가치세 10%를 면제받고 싶다면 사업자 등록번호를 입력해야 합니다. 플러스 플랜의 경우 무료 플랜보다는 ChatGPT에게 훨씬 많은 질문을 할 수 있습니다. 경험상 50번 정도 질문을 연속적으로 하게 되면 약 1~3시간 정도의 시간을 둔 뒤 작업을 이어나갈 수 있습니다.

다음으로는 최근 출시된 프로 플랜이 있습니다. 월 200달러는 현시점 약 1,400원 중반의 환율을 고려할 때 약 30만 원 정도의 비용이 든다고 할 수 있습니다. 다만, 프로 플랜을 구독하게 되면, 모든 종류의 모델을 무제한 사용해 볼 수 있습니다. 가장 최신 모델인 o1 Pro 모드까지 말이죠.

이외 다른 플랜으로는 팀 플랜과 엔터프라이즈 플랜이 있습니다. 두 플랜은 기업용으로 ChatGPT를 사용할 때 활용할 수 있는 모델입니다. 팀 플랜의 경우 팀원들과 공유할 수 있는 워크스페이스라는 기능을 제공합니다. 여기서 팀에서 만든 챗봇들을 공유할 수 있죠. 엔터프라이즈 플랜의 경우 사이즈가 좀 더 큰 기업들이 사용하는 플랜이며, 기업 데이터 보안에 특화된 플랜이라 할 수 있습니다. 사실 몇 달 전까지만 하더라도 구독 플랜 종류가 단출했는데요. 점

점 많은 기능들이 추가되면서 다양한 구독 플랜이 추가되고 있는
상황입니다.

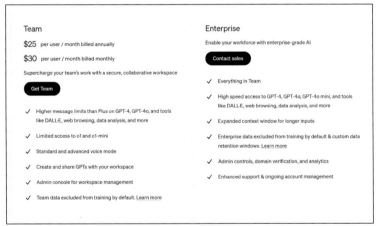

ChatGPT 요금제

ChatGPT의 경우 관광 실무에 필요한 다양한 기능을 제공하고 있습니다. 가장 먼저 소개해 드릴 기능 중 하나는 바로 고급 데이터 분석 기능(Advanced Data Analysis)입니다. 고급 데이터 분석 기능은 이전에는 코드 인터프리터(Code Interpreter)라고 불렸던 기능인데요. 데이터 분석 및 처리, 데이터 시작화와 인사이트까지 도출해 줄 수 있는 ChatGPT의 강력한 기능 중 하나입니다. 그동안 엑셀을 활용해 데이터 분석 및 처리하셨다면, ChatGPT의 고급 데이터 분석 기능을 꼭 활용해 보세요.

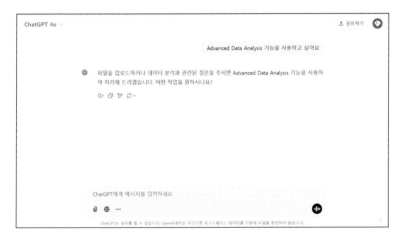

ChatGPT Advanced Data Analysis

고급 데이터 분석 기능을 ChatGPT에서 사용하기 위해서는 GPT-4o 모델을 활성화해야 합니다. 고급 데이터 분석 기능은 GPT-4o 모델 내 내장되어 있으며, 데이터 분석과 같은 업무를 요청할 때에 자동으로 호출됩니다. 고급 데이터 분석 기능을 활용하기 위해 한국관광데이터랩에서 데이터를 가져와 보겠습니다. 제가 가져온 데이터는 2024년 1월부터 2024년 11월까지 한국을 방문한 관광객 통계입니다.

출처: 한국관광데이터랩 홈페이지

방한 관광객 통계자료가 포함되어 있는 엑셀파일을 ChatGPT에게 첨부합니다. ChatGPT 화면에 있는 클립 모양을 클릭하고, 파일을 찾거나 아니면 파일을 드래그하여 프롬프트창으로 옮기면 파일이 첨부됩니다. 아래와 같이 파일이 첨부되었다면, 데이터 분석을 위한 준비가 끝났습니다.

ChatGPT에 엑셀파일을 첨부한 화면

일단 먼저 엑셀 파일에 있는 데이터를 ChatGPT 화면에 띄워볼까요? 자, 그러면 아래와 같이 데이터 표시가 나옵니다. 어떠세요? 데이터가 깨져서 표시되지 않나요? 이렇게 데이터가 깨지는 이유는 데이터 표기가 한국어로 되어 있기 때문입니다.

한국어 폰트가 깨져서 나오는 ChatGPT 화면

이렇게 한국어 폰트가 깨지는 이유는 데이터 분석 기능은 파이썬 코드를 실행하는 환경에서 작동되는데, 해당 환경에서는 한글 폰트가 포함되어 있지 않아 발생합니다. 한국어 폰트가 깨지는 문제를 해결하기 위해서는 원하는 한국어 폰트를 직접 파일로 첨부하는 방법이 가장 많이 활용됩니다. 간단하게 여러분의 컴퓨터에 내장된 한국어 파일을 ChatGPT에 파일로 첨부하는 것이죠. 아래와 같이 말이죠. 저는 나눔 폰트 파일을 첨부하였고, '해당 폰트를 활용해 한국어를 잘 표시해줘'라고 요청했습니다.

폰트 파일 첨부 후 한국어 표시 요청

이렇게 요청하면, 한국어 폰트가 반영되어 깨지지 않고, ChatGPT 윈도우에 엑셀에 있는 모든 자료가 표시됩니다. 이렇게 자료가 ChatGPT에 입력되면, 해당 자료들을 활용해 그래프를 그릴 수 있습니다.

방한 외래관광객 통계

	기준일자	주요국가대륙별	국가명	성별	인원	전년동기
1	202401	대륙전체	연도	남성	342951.0	184650
2	202401	대륙전체	연도	여성	466665.0	209097
3	202401	대륙전체	연도	승무원	71265.0	40682
4	202401	대륙전체	연도	전체	880881.0	434429
5	202401	아시아	연도대륙	남성	267936.0	128318
6	202401	아시아	연도대륙	여성	403153.0	161631
7	202401	아시아	연도대륙	승무원	49338.0	21299
8	202401	아시아	연도대륙	전체	720427.0	311348
9	202401	아시아	중국	남성	102249.0	10537
10	202401	아시아	중국	여성	167792.0	13544
11	202401	아시아	중국	승무원	9994.0	865
12	202401	아시아	중국	전체	280035.0	24946

방한 외래관광객 통계 시각화를 표시할 수 없습니다

해당 엑셀파일을 아군에 표시해줘

파일을 읽는 노중 인코딩 문제로 인해 오류가 발생했습니다. 파일의 인코딩 형식을 추정한 뒤 다시 불러오겠습니다. (╯)

NanumSquare.ttf
파일

한국어가 표시되지 않아서 이 폰트를 활용해서 한국어를 잘 표시해줘

ChatGPT에게 메시지를 입력하세요

Advanced Data Analysis 화면에서 엑셀 분석

데이터 중 X축은 '연도'를 기준으로 하고, Y축은 '총인원'을 기준으로 아래와 같이 그래프를 그려보았습니다. 아래 형형색색의 그래프는 별도로 다양한 색으로 그래프를 표현해달라고 별도로 요청한 것이고, 기본적으로 그래프는 연한 파란색으로 표현됩니다.

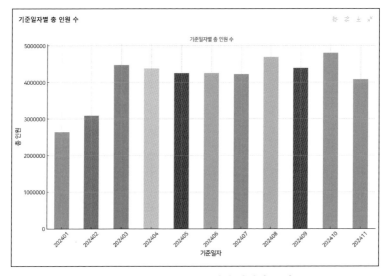

Advanced Data Analysis에서 완성한 그래프

그래프를 만드는 것뿐만 아니라 데이터를 기반으로 인사이트를 도출할 수 있습니다. 데이터 활용이 점점 중요해지는 관광산업에서 앞으로 ChatGPT의 고급 데이터 분석을 얼마나 잘 활용하느냐가 비즈니스 성공에 큰 영향을 끼칠 것으로 예상하는데요. 자, 그러면 위에서 표현된 그래프를 기반으로 인사이트를 도출해 볼까요? 여기서 그래프에 있는 내용을 표로 다시 변환시킨 뒤 구체적인 수치를 기반으로 인사이트를 도출하는 방향으로 요청하면 좀 더 상세한 인사이트를 도출할 수 있습니다.

위 그래프에서 표시한 수를 표 형식으로 표현한 뒤 비즈니스 인사이트를 그 수치 데이터들을 근거로 비즈니스 인사이트를 도출해 주세요.

비즈니스 인사이트

1. **1월과 2월의 계절적 성장:**
   - 2월에는 전월 대비 약 **16.96% 증가** (448,089명 증가).
   - 이는 설 연휴 및 겨울 스포츠 시즌과 같은 관광 이벤트로 인해 외국인 관광객이 증가했을 가능성이 큼.
   - 이러한 계절적 특성을 활용해, 매년 2월의 특화된 겨울 테마 관광 상품을 개발하거나, 주요 겨울 스포츠 행사와 협력할 기회가 있음.

2. **3월의 급격한 성장:**
   - 3월에는 2월 대비 약 **44.85% 증가** (1,384,512명 증가).
   - 3월은 봄 시즌의 시작으로 벚꽃 축제와 같은 자연 관광 이벤트가 관광객 유입의 핵심 요인으로 분석 가능.
   - 특히 아시아권 관광객이 봄철 자연 관광지 방문에 관심이 높다는 점을 마케팅에 반영할 필요가 있음.
   - 벚꽃 관광뿐 아니라, 문화재 및 도시 관광을 접목한 패키지를 마련해 관광객의 방문 동기를 강화할 여지가 있음.

3. **4월과 5월의 안정적 유지:**
   - 4월 대비 5월의 관광객 수는 약 **3.04% 감소** (133,002명 감소).
   - 그러나 이 수치는 크게 하락한 것으로 보이지 않으며, 이는 봄 시즌의 인기가 지속되었음을 나타냄.
   - 이를 통해 관광 상품의 성공적인 지속 가능성을 보장할 수 있으며, 장기적으로 더 다양한 봄철 관광 이벤트를 개발해 볼 기회가 있음.

ChatGPT가 도출한 비즈니스 인사이트

이처럼 ChatGPT의 고급 데이터 분석 기능을 활용하면 간단하게 엑셀파일에 있는 데이터를 표시하고, 그래프로 표현하고, 나아가 데이터 간의 함의점 또는 인사이트를 빠르게 도출할 수 있습니다. 점점 데이터가 중요해지는 관광산업에서 고급 데이터 분석 활용을 할 수 있다면 많은 이점을 얻을 수 있겠습니다.

다음으로 보여드린 기능은 ChatGPT에 내장된 그림 도구인 달리3(DALL·E)입니다. 달리3는 그림을 그려주는 기능인데요. 다음 장에서 다루는 이미지 기반 생성형 AI에서 상세하게 다룹니다. 이곳에서는 달리3의 기본적인 소개만을 진행하고자 합니다.

저는 달리3를 소개할 때 기획자들을 위한 이미지 도구라고 설명합니다. ChatGPT라는 인터페이스 내에서 대화 맥락을 기반으로 사용자가 원하는 바를 최대한 반영해 그림을 그려줄 수 있기 때문입니다. ChatGPT와 대화를 통해 출력된 그림에 대해 추가적으로 피드백할 수 있습니다. 마치 사용자가 기획자가 되어 디자이너와 대화하며 디자인 시안을 피드백하는 것과 비슷한 방식으로 작업할 수 있죠. 이는 단 한 번의 프롬프트로 이미지를 생성하는 다른 이미지 AI 도구들과는 확연한 차이를 보이죠. 대화 맥락을 통해 피드백할 수 있다는 점에서 달리3는 강력한 이미지 도구라 할 수 있습니다.

달리3 활성화탭

달리3는 '이미지'와 관련한 요청을 할 때 또는 직접 ChatGPT 대화창 내에 있는 도구상자에서 설정해 불러올 수 있습니다. 또한, 일반적으로 영어로 작성해야 하는 다른 이미지 생성형 AI와 달리 한국어로 직접 이미지 생성을 할 수 있다는 강점이 있습니다.

한국어로 이미지 생성 가능한 달리3

달리3에서 만들 수 있는 이미지 크기는 총 3가지입니다. 기본 이미지 형식은 정사각형(1024×1024) 사이즈이며, 필요에 따라 가로형(1792×1024)과 세로형(1024×1792) 사이즈도 출력이 가능합니다.

다음으로 캔버스(Canvas) 기능을 설명하겠습니다. 먼저 캔버스는 ChatGPT에서 글쓰기와 코딩 작업을 보다 효율적으로 할 수 있도록 하는 기능입니다. 글쓰기나 코딩 작업을 할 때 편집을 용이하게 하는 기능이 바로 캔버스 기능인 것이죠. 참고로 현재 이 글 역시도 캔버스로 편집하여 작성되고 있습니다. 같이 한 번 보실까요?

캔버스 기능창 화면

글쓰기 과업을 ChatGPT가 인식하면 위와 같이 ChatGPT가 자동으로 인식해 편집 모드인 캔버스 모드 창이 열리게 됩니다. 오른쪽 아래에 보시면, 글을 편집할 수 있는 다양한 기능들이 아이콘으로 배치되어 있는데요. 아래부터 살펴보면, '편집 제안', '길이조

절', '독해수준', '마지막으로 다듬기', '이모지 추가'와 같은 버튼이 있습니다. 편집 제안을 누르면 작성된 글을 ChatGPT를 파악한 뒤 어떤 방향으로 글을 바꾸었으면 좋을지 부분마다 상세하게 피드백을 해줍니다. 아래와 같이 오른쪽에 메모가 뜨고, 해당 메모에서 '적용'을 누르면 피드백이 적용되어 본문을 변경할 수 있어서 유용한 기능입니다.

캔버스의 편집 제안 기능

다음으로 길이조절 기능의 경우 작성된 글의 글자수를 늘리는 기능이며, 독해수준은 독자들의 이해수준에 따라 유치원생, 대학생 등으로 구분되며, 독자의 수준에 따라 단어 선택 등을 하여 글을 다시 써주는 기능입니다. '마지막으로 다듬기' 기능은 글을 어느 정도 다듬었다면, 문법 및 어휘를 다시 한번 체크하고 글의 위계질서를 잡아주는 기능이고, '이모지 추가'는 맥락에 어울리는 이모지를 추가해주는 기능입니다. 캔버스에서 제공하는 다양한 기능들을 활용해 글을 수정하면 편집 작업의 속도가 비약적으로 상승합니다.

최근 캔버스에는 코드를 작성하고 이를 기반으로 코드를 미리 볼수 있는 기능까지 추가하였습니다. 이제 똑똑한 o1 모델이 짜준 코드를 캔버스 기능 내 미리보기를 활용할 수 있죠. 30초 타이머를 React 코드로 만든 사례를 함께 보실까요?

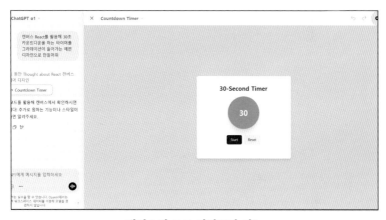

캔버스의 코드 미리보기 기능

ChatGPT의 메모리(Memory)와 커스텀 인스트럭션(Custom Instruction)은 ChatGPT를 사용자에 맞춰 개인화하는 핵심기능입니다. 먼저 메모리 기능부터 살펴보면, 사용자가 대화했던 정보 및 내용을 기억해 이를 바탕으로 이후 대화의 맥락을 이끌어 갈 수있습니다. 메모리 기능을 사용하는 방법은 간단합니다. ChatGPT

가 기억해 주었으면 하는 내용을 입력한 뒤 해당 내용을 '기억해 달라'고 요청하면 됩니다. 그러면 ChatGPT는 '메모리 업데이트됨'라는 안내 문구를 결과로 보여줍니다.

메모리 기능 활성화

해당 내역은 [설정 〉 개인 맞춤 설정 〉 메모리]에서 확인할 수 있습니다. 메모리에 아까 요청한 내용이 포함되어 있죠? 이제 ChatGPT는 응답할 때 친근한 어조로 사용자에게 응답하게 됩니다.

메모리 기능으로 ChatGPT의 응답 방식과 맥락을 제어할 수 있지만, 커스텀 인스트럭션 기능을 활용해서도 ChatGPT의 답변을 조정할 수 있습니다. 이곳에서는 사용자에 대한 정보 및 맥락을 입력할 수 있고, ChatGPT 답변형식에 관한 내용도 설정할 수 있습

니다. 메모리와 커스텀 인스트럭션만 활용하더라도 나에게 꼭 맞는
ChatGPT를 사용할 수 있습니다.

ChatGPT '메모리' 기능창

ChatGPT 맞춤 설정 화면

콘텐츠 생성 - Claude

ChatGPT를 아시는 분들은 많지만, 사실 ChatGPT만큼 똑똑한 다양한 AI 도구들이 많이 존재한다는 사실을 아시는 분들은 많지 않은 것 같습니다. 따라서 ChatGPT와 경쟁하고 있는 유사 파운데이션 모델들과 그 특징에 대해 여러분들께 소개해 드리겠습니다. 첫 번째로 ChatGPT의 경쟁자 중 하나인 Claude를 소개합니다.

Claude 메인화면

Claude는 OpenAI에서 나온 창업자인 다리오 아모데이를 비롯한 여러 공동 창업자들이 설립한 앤드로픽(Anthropic)이라는 회사에서 출시한 AI 모델입니다. 2025년 현재 Claude 3.5 Sonnet 모델이 최신 모델이며, 한국어 구사에 강점이 있는 그런 모델입니다. AI 글쓰기를 하는 많은 분께서 자주 이용하는 모델이라 할 수 있습니다. 'Choose Style' 탭을 활용해 문체 스타일을 설정하여 글을 쓸 수 있는 기능까지 있어 글쓰기에 특히나 강점 있는 모델로 알려져 있습니다.

문체를 설정하려면 Claude AI의 프롬프트창 하단에 있는 'Choose Style' 탭을 누릅니다. 그리고 사용자만의 스타일을 만들 수 있는 'Create a style' 창을 띄워 직접 문체 스타일을 설명하거나 그동안 작성한 글들을 모아 예시로 제공하면 문체 설정이 완료됩니다. 이렇게 문체 스타일을 만들었다면, 해당 문체 스타일을 설정해 문체 스타일을 반영한 응답 결과를 Claude에게 요청할 수 있습니다. 이처럼 Claude는 글쓰기에 특화된 생성형 AI 모델이며, 특히 자연스러운 한국어를 구사한다고 평가받고 있으니 글쓰기에 AI를 활용하고 싶으시다면 꼭 Claude를 기억해 주세요.

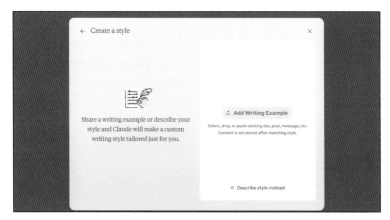

Claude 스타일 설정 기능창

메타의 오픈소스 모델 'Llama'

이외에도 다양한 콘텐츠 생성을 위한 파운데이션 모델들이 있습니다. 메타(Meta)에서 출시한 Llama라는 AI 모델 역시도 큰 사랑을 받고 있습니다. 가장 큰 이유로는 오픈소스로 배포되어 다양한 용도로 파인튜닝이 가능한 점을 들 수 있겠습니다.

현재 Llama 3.1부터 3.3 모델까지 업데이트되었는데요. Llama 모델을 직접적으로 이용해 볼 수 있는 웹사이트인 'Meta.ai'는 미국에서만 서비스되고 있습니다. 따라서 Llama 모델을 사용하기 위해서는 우회 서비스인 VPN을 활용하거나 다양한 언어모델을 사용해 볼 수 있는 사이트인 허깅페이스(HuggingFace)를 활용할 수 있습니다.

한국에서 아직 서비스되지 않는 Meta AI

콘텐츠 생성 - Grok

Grok 메인화면

또 다른 모델로는 일론 머스크가 이끄는 xAI사에서 출시한 Grok 이라는 모델이 있습니다. 해당 모델은 X(구 Twitter)에서 누구나 무료로 사용할 수 있다는 점이 가장 큰 장점으로 꼽히고 있습니다. 또한, X에서 포스팅된 내용을 기반으로 응답해주기 때문에 최신 정보 검색에 강하다고 평가받고 있습니다.

　Grok을 사용하기 위해서는 X 계정이 필요한데요. X에 로그인하면, 왼쪽에 Grok 탭을 누르면 그록과 대화할 수 있는 창이 나옵니다. 그록은 X에 있는 정보들을 실시간으로 검색해 주기 때문에 최신 정보를 얻는 데에 가장 최적화된 AI 모델로 알려져 있습니다.

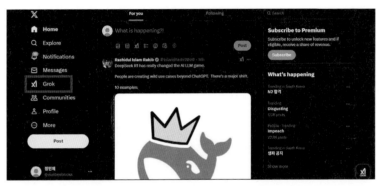

X.com에서 찾을 수 있는 Grok

콘텐츠 생성 - DeepSeek

　최근 중국 기업들도 경쟁력 있는 파운데이션 모델을 출시하고 있습니다. 그중 DeepSeek은 주목해 볼 만한 AI 도구입니다. DeepSeek는 중국 항저우에 본사를 둔 인공지능 스타트업으로 2024년 12월 말과 2025년 1월에 연달아 출시된 V3 모델과 R1 모델 ChatGPT의 아성을 위협하고 있다고 평가받고 있습니다. 특히 이중 DeepSeek-V3 모델은 약 557만 달러, 한화로 약 82억 원 수준의 저렴한 훈련 비용으로 높은 성능을 내는 것으로 알려져 있습니다.

DeepSeek 채팅화면

물론 DeepSeek는 중국에서 만들어졌기에 일부 중국과 관련한 예민한 정보에는 접근성을 차단하는 등 투명성이 타 생성형 AI에 비해 낮다는 단점이 있습니다. 그럼에도 낮은 훈련 비용임에도 높은 성능을 내는 모델로 전세계적으로 많은 관심을 받고 있는 모델 중 하나입니다.

콘텐츠 생성 AI 도구만 하더라도 정말 많죠? 자, 이번에는 AI 검색을 위한 생성형 AI 도구들을 하나씩 소개해 드리겠습니다. 사실 최근 업데이트가 많이 된 ChatGPT에서도 SearchGPT라는 기능을 활용한 AI 검색이 가능해졌습니다. 따라서 간단한 검색은 ChatGPT 하나로도 충분한데요. 양질의 정보 검색을 위해서는 검색에 특화된 생성형 AI를 쓰는 것을 권장드립니다.

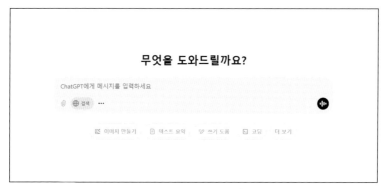

ChatGPT SearchGPT 활성화

AI 검색 - Perplexity

첫 번째 AI 검색 도구로는 Perplexity를 이야기해 볼 수 있습니다. Perplexity의 프로 검색은 사용자의 질문을 다시 한번 잘게 쪼개어 분석해 최대한 양질의 검색결과를 보장해 준다고 할 수 있습니다. 예를 들어 아래와 같이 'DeepSeek에 대해 구체적으로 설명해줘'라고 프롬프트를 입력하면, 'DeepSeek에 대한 구체적인 정보를 검색'하고 'DeepSeek의 기능 및 특징을 정리'하는 방향으로 프롬프트를 쪼개 검색해 양질의 결과를 도출하죠.

Perplexity에 'DeepSeek' 관련 질문하기

나아가 Perplexity는 출처를 선택할 수 있는 기능을 제공합니다. 일반적인 인터넷 검색이 기본 설정으로 되어 있으나, '모드' 부분을 누르면 아래와 같이 학술모드, 비디오, 소셜, 수학 등의 다양한 출처를 설정할 수 있는 탭이 등장합니다. 비디오 탭을 눌러 검색한다면, 우리는 유튜브에 있는 정보만을 참조하여 정보를 가져올 수 있죠.

무엇을 알고 싶으세요?

무엇이든 질문하기...

모드   첨부   Pro

🌐 웹   📊 학문모드   ✖ 수학
전체 인터넷에서 검색하기   게재된 학술 논문에서 검색하   방정식을 풀고 수치 답변을
                        기   찾기

✏ 글쓰기   ▶ 비디오   ✖ 소셜
웹을 검색하지 않고 텍스트   동영상 발견 및 시청하기   토론 및 의견 검색하기
생성 또는 채팅하기

                                              TSLA
                                              400.28
                                              +2.87%

Perplexity 출처탭

비디오 탭을 활성화시켜 검색을 아래와 같이 유튜브 출처를 기반으로 Perplexity는 답변을 가져와 줍니다. 최근 많은 양질의 정보가 유튜브에 있는 만큼 해당 탭 기능을 잘 활용한다면 양질의 정보를 쉽고 빠르게 가져올 수 있겠죠?

Perplexity 비디오 출처 참조 후 답변 예시화면

AI 검색 - Genspark

다음으로 소개해드릴 AI 검색 도구로는 Genspark를 소개합니다. 2024년 말, 급진적인 업데이트를 진행하면서 Genspark는 단숨에 Perplexity를 대체하는 대항마로 급부상하기 시작했습니다.

Genspark 메인화면

Genspark의 특징 중 하나는 짧은 시간에 정말 많은 출처를 검색하여 답을 내놓는다는 점입니다. 예를 들면, 아래와 같이 'CES 2025에 대해 설명해줘'라고 명령을 했다고 하면, 단 몇 초만에 33개의 출처를 확인해 답을 내놓습니다. 답변과 함께 많은 관련 자료들을 링크 형태로 가져오기 때문에 인터넷 검색 시간이 획기적으로 줄어든다는 장점이 있습니다.

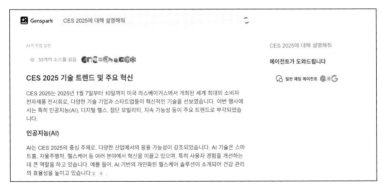

Genspark 답변

사실 인터넷 검색 기능도 좋지만, Genspark의 가장 큰 장점은 바로 고급 에이전트에 있습니다. Genspark는 최근 업데이트를 통해 에이전트를 기본과 고급으로 나눴는데요. 기본으로는 일반 검색용 채팅, 이미지 생성, 번역 기능을 제공하고, 고급 에이전트로는 데이터 검색과 교차 검색 서비스를 제공하고 있습니다. 저는 특히 데이터 검색과 교차 검색 서비스 부분을 강조하고 싶은데요.

Genspark의 고급 에이전트

먼저 데이터 검색의 경우 별도의 데이터 검색을 하지 않아도 자체적인 에이전트 기능을 통해 필요한 데이터를 인터넷 검색을 통해 가져오는 기능입니다. 수치 데이터를 가져오는데 용이하죠.

다음으로 교차 검색 서비스는 팩트체크를 할 때 요긴하게 사용할 수 있는 기능입니다. 만약 '한국가스기술공사'에 대한 설명에 대한 자료를 인터넷에서 찾았다고 가정하고, 해당 정보를 팩트체크하고 싶다면, 교차 검색 에이전트를 활용할 수 있죠. 그러면 아래 '교

차 검색 사례'와 같이 Genspark는 여러 출처를 교차 검토하여 검
색 결과를 대조하여 사실 확인할 수 있습니다. 거짓 정보를 그럴싸
하게 출력하는 생성형 AI의 답변 결과에 대해 확실하게 정보의 사
실성 검사를 할 때 좋은 기능이니 꼭 활용해 보세요.

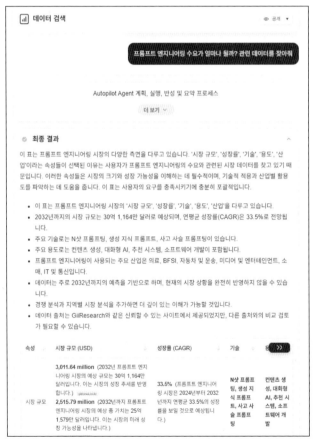

Genspark의 데이터 검색 사례

최근에는 '심층 연구' 기능까지 추가되었습니다. 해당 기능은 후술할 Gemini Pro with Deep Research 기능과 유사합니다. 연구 주제를 입력하면, 필요한 자료들을 AI 스스로 판단하고 참조해 연구를 진행합니다. 해당 기능을 통해 빠르게 연구 보고서 초안을 만들어 볼 수 있습니다.

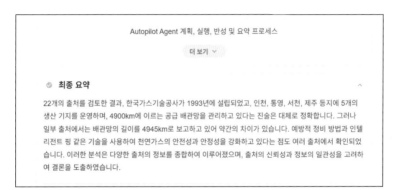

Genspark의 교차 검색 사례

Genspark의 심층 연구 기능

AI 검색 - Felo AI

Felo AI 메인화면

다음 주목해야 할 AI 도구는 바로 Felo AI입니다. Felo AI는 일본 도쿄에 본사를 둔 스타트업으로 현재 AI 검색 도구 중 빠르게 인기를 얻고 있습니다.

Felo AI 마인드맵과 PPT

Felo AI의 특징 중 가장 주목해 볼 만한 특징은 바로 검색결과를 바탕으로 마인드맵과 PPT를 만들 수 있는 시각화 기능입니다. 단순한 AI 검색을 넘어 내용을 시각화까지 할 수 있어 편리한 도구입니다.

또한, 상대적으로 비용적으로 저렴합니다. Perplexity가 월 $20이고, Genspark가 월 $24.99에 비해 Felo AI는 월 $14.99로 상대적으로 저렴하게 모델을 사용해 볼 수 있습니다. 따라서 만약 AI 검색 도구 유료구독을 2025년 1월 기준으로 고려하게 계신다면 개인적으로는 Felo AI를 추천합니다.

Felo AI 구독 요금제

이번에는 요약과 자료 정리 및 번역, 그리고 연구를 위한 AI를 각각 살펴보고자 합니다. 가장 먼저 요약 AI를 살펴보겠습니다. 우리가 AI를 활용하는 가장 큰 이유 중 하나는 시간을 절약하고 업무 생산성을 올릴 수 있다는 것입니다. 따라서 다량의 정보를 필요한 내용만 간추려 요약해준다면 우리가 정보를 습득하는 데 많은 도움이 될 수 있습니다.

요약 AI - Lilys AI

Lilys AI 메인화면

정보를 요약해주는 AI로는 대표적으로 Lilys AI가 있습니다. Lilys AI는 유튜브 영상 링크를 입력하면 해당 유튜브 영상을 요약해주는 서비스로 많은 관심을 받았습니다. 2023년 10월 21일 서비스 출시 직후 6개월 만에 누적 사용자 15만 명을 달성하기도 했죠. 현재는 유튜브 영상 요약뿐만 아니라 PDF 문서, 웹사이트, 텍스트 요약 등 다양한 매체를 요약할 수 있는 서비스를 갖췄습니다. 유튜브 요약의 경우 단순하게 유튜브 영상 링크를 복사해 위 화면의 검색창에 입력하면 단 몇 초만에 요약이 완료됩니다.

또한, 아래 이미지의 각 요약 내용을 살펴보면, 해당 내용을 언급하는 영상의 지점에 따라 북마크가 별도로 되어 있는 것을 확인할 수 있습니다. 또한, 오른편을 보면, 영상의 스크립트도 함께 표시할 수 있어 영상의 전체적인 내용과 요약 내용을 동시에 확인할 수 있죠. 이뿐만이 아닙니다. 화면 하단 탭에서는 영상과 관련한 질문을 입력할 수 있도록 해 영상 내용을 기반으로 한 답변까지 받아볼 수 있습니다.

Lilys 유튜브 영상 요약결과

나아가 요약 중 모르는 지점이 나온다면, 해당 부분을 드래그 하여 '더 쉽게' 탭을 입력하면, 해당 부분에 대한 상세 해설을 살펴볼 수 있습니다. 정보 과잉의 시대 속에서 Lilys AI를 적재적소에 활용할 수 있다면, 우리는 남들보다 쉽고 빠르게 정보를 처리할 수 있는 초능력 도구를 가질 수 있습니다.

Lilys AI '더 쉽게' 탭 활성화

요약 AI - Summarizer 챗봇

Summarizer 챗봇 메인화면

요약 기능의 경우 ChatGPT와 같은 생성형 AI에서도 사용할 수 있습니다. 간단하게 요약할 텍스트를 프롬프트 상단에 배치한 뒤 '위 내용을 요약해줘'라고 요청하기만 하면 끝이죠. 그러나 제가 이렇게 별도로 구분해 요약 AI를 설명드리는 이유는 단순하게 텍스트만을 요약하는 것뿐만 아니라 영상, PDF파일, 웹사이트 등 다양한 매체를 요약할 수 있기 때문입니다. 텍스트 요약은 생성형 AI의 기본 기능이라 할 수 있죠. 이번에는 ChatGPT 내의 Custom GPTs, 일명 챗봇 중 하나인 'Summarizer'를 소개해 드릴까 합니다. 개인적으로 저는 해당 요약 챗봇을 자주 활용합니다.

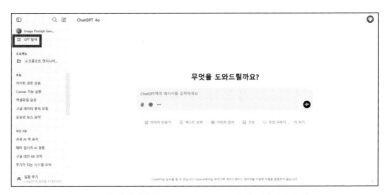

GPT 탐색을 통해 Summarizer 검색 가능합니다.

Custom GPT는 ChatGPT 내에서 사용할 수 있는 챗봇으로 아래와 같이 'GPT 탐색' 탭을 통해 검색할 수 있습니다. GPT 탐색 탭을 누르면 GPT를 검색할 수 있는 검색창이 등장하는데, 이곳에 'Summarizer'라고 검색하면 무료 플랜도 해당 챗봇에 접근 가능합니다.

검색창에 'Summarizer'를 검색하세요.

해당 챗봇의 단점은 유튜브 URL 접근이 어렵다는 점입니다. Lilys AI의 경우 URL만을 입력하면 곧바로 관련 영상이 뜨고, 요약 이 진행되었는데요. Summarizer의 경우 현재 URL를 읽는 기능 이 없습니다. 따라서 영상 URL만을 입력하면 아래와 같은 안내 문 구를 확인할 수 있습니다.

URL 접근이 어려운 Summarizer

107

따라서 유튜브 요약을 Summarizer를 통해 진행하기 위해서는 크롬 웹스토어에서 'Youtube to Text'라는 확장 프로그램을 다운받아야 합니다. 차근차근 같이 설치해 볼까요? 먼저 구글창에 크롬 웹스토어를 검색해 들어온지 웹스토어 검색창에 Youtube to Text를 검색합니다. 그렇다면 아래와 같은 확장 프로그램을 확인하실 수 있습니다.

구글 확장프로그램 'Youtube to Text' 검색

위 내용을 설치하게 되면, 앞으로 유튜브 영상을 확인할 때 오른쪽에 영상 스크립트를 확인할 수 있습니다.

유튜브 우측 상단에 영상 대본을 확인할 수 있다.

이렇게 나온 스크립트를 복사해 해당 텍스트를 Summarizer 명령창에 입력하면, 다음과 같이 요약할 수 있습니다. 주목할 점은 Summarizer는 요약시 '결론' 부분이 상단에 배치되도록 설계되어 빠르게 핵심을 파악할 수 있다는 점입니다.

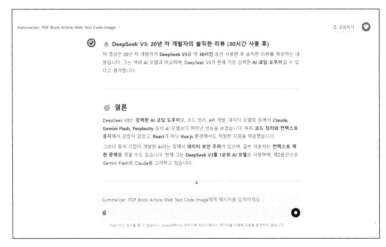

Summarizer의 영상 요약 결과물

Summarizer의 가장 큰 장점은 바로 요약 마지막 부분에 단축키가 나온다는 점입니다. 해당 단축키를 활용하면 다이어그램을 만들거나 기사로 작성하는 등 다양하게 내용의 형식을 변환할 수 있습니다. 여러 단축키 중 제가 생각하기에 가장 유용한 기능은 바로 단축키 'E'인 요약 확장 기능입니다. 일반적으로 우리가 요약된 내용을 본다면, 중간중간 맥락이 생략되어 있으므로 이해가 떨어지기 마련입니다. 이때 요약 확장 기능을 활용한다면 좀 더 요약을 구체적으로 살펴볼 수 있어서 내용 이해가 한결 수월해집니다.

Summarizer 답변 결과 말미에 나오는 단축키

자료 정리 및 번역 AI - NotebookLM

다음은 '자료 정리 및 번역'을 하는 AI에 대해 알아볼까요? AI로 검색하고 자료를 요약한 내용들을 따로 정리를 해야 하는데요. 이때 우리는 구글에서 출시한 NotebookLM이라는 AI 도구를 활용할 수 있습니다.

NotebookLM 메인화면

NotebookLM은 아래와 같이 소스를 추가할 수 있습니다. 해당 소스는 구글 드라이브 내에 있는 Docs 파일과 슬라이드 파일은 물론 웹사이트와 유튜브 자료를 포함할 수 있습니다. 만약 유튜브 영상자료를 정리해 분석하고자 한다면 단순하게 유튜브 링크를 복사하여 붙여넣으면 유튜브가 소스 자료로 편입됩니다.

NotebookLM 소스 추가 화면

Youtube URL 추가하기

이러한 소스뿐만 아니라 사용자의 메모 또한 저장하여 또 하나의 자료로 활용할 수 있습니다. 이렇게 모인 개인 메모, 영상 소스, 웹 사이트 자료 그리고 구글 드라이브 자료들을 통합해 해당 자료들을 기반으로 AI를 통한 질문을 할 수 있습니다. 그리고 이렇게 질문한 내용들을 또다시 자료화하여 내용 정리를 할 수 있다는 점이 바로 NotebookLM의 강점 중 하나입니다.

NotebookLM 책 내용 정리 사례

개인적으로 저의 경우 책 내용을 정리할 때 맨 처음 유튜브 링크를 통해 책 내용을 빠르게 파악하고, 책을 읽으면서 좋은 글귀들을 이곳에 메모하는 편입니다. 이렇게 자료를 정리하게 되면 다음에 책 내용을 입체적으로 파악하는 데 많은 도움이 됩니다.

자료 정리 및 번역 AI - DeepL

DeepL 메인 화면

번역 도구로는 DeepL을 추천해 드립니다. 특히 외국어 통번역이 많이 필요한 관광 분야에서는 정확하고 자연스러운 통번역이 필요한데요. 구글 번역기, 파파고 등의 번역 도구들이 많이 있지만, DeepL이 가장 효과적으로 번역을 해준다고 알려져 있습니다.

저의 경우 무료 서비스를 PDF 파일을 기준으로 최대 10만 자까지 번역할 수 있는 '파일 번역'을 주로 사용합니다. 영어로 된 논문

파일을 빠르게 번역해 내용을 파악할 수 있거든요. 참고로 파일 번역의 경우 무료 버전으로는 총 3개까지 매달 활용할 수 있습니다.

자료 정리 및 번역 AI - Genspark 번역

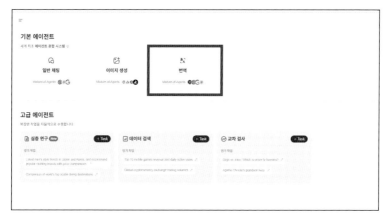

Genspark 번역탭

최근 앞서 살펴봤던 Genspark가 업데이트되면서 DeepL 모델을 포함한 다양한 생성형 AI 도구를 활용해 효과적으로 텍스트를 번역하는 서비스를 출시하였습니다. 해당 기능에는 구글 번역, DeepL 그리고 ChatGPT와 Claude 모델이 탑재되어 있는데요. Mixture-of-Agents로 세팅을 하게 되면, 모든 모델이 각각 번역을 진행하게 되고, 서로의 번역을 비교해 가장 최적화된 결과값을 도출하는 Reflection 단계를 거쳐 정확하고 자연스러운 번역물을 출력할 수 있게 됩니다. 2025년 1월 기준 가장 정확하고 자연스러

운 번역을 하고자 한다면 Genspark의 Mixture-of -Agents 번역
기를 활용하면 좋을 것 같습니다.

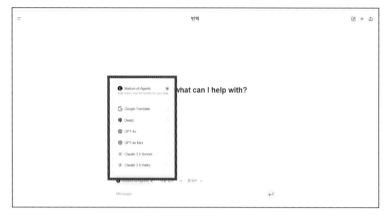

Genspark의 Mixture of Agents

연구 AI - Scispace

마지막으로 연구 분야에서 활용할 수 있는 생성형 AI 도구를 알
아보고자 합니다. Scispace는 논문 검색 AI 도구입니다. 주제에 대
해 검색을 하게 되면 맥락과 관련한 논문들을 가져와 아래와 같이
답변합니다. 실제로 논문을 읽기 전 필요한 내용을 미리 파악할 수
있는 기능이 있습니다.

Scispace에서 'Prompt Engineering'를 검색한 사례

연구 AI - Consensus AI

다른 연구 AI 도구로는 Consensus AI가 있습니다. 해당 AI 도구도 마찬가지로 논문을 기반으로 질문에 대한 답을 하는 AI입니다. 아무래도 논문을 기반으로 답변을 하다 보니, 신뢰성이 높다는 것이 특징 중 하나입니다. 더불어 참고한 논문들이 함께 리스트업되니 관련 논문도 빠르게 확인해 볼 수 있다는 점이 강점입니다.

Consensus는 질문에 대해 논문을 기반으로 답변합니다.

연구 AI - Gemini Pro with Deep Research

위와 같은 연구 AI 도구들도 좋지만, 제가 강력하게 추천하고 싶은 AI 도구가 최근 출시되었습니다. 다만, 해당 기능을 활용하기 위해서는 유료구독이 필요한 점을 미리 언급합니다. 바로 Google Gemini 1.5 Pro with Deep Research 기능입니다. 해당 기능을 활용하면 간단하게 아래와 같이 주제를 언급하는 것만으로도 8페이지 분량의 보고서 초안을 작성할 수 있습니다.

이때, 참고한 웹사이트 링크는 주제와 관련한 내용들을 기반으로 보고서가 단숨에 작성됩니다. 따라서 만약 보고서 작성을 해야 한다면 이 Deep Research 기능을 십분 활용하면 좋을 것 같습니다. 빠르게 보고서를 완성할 수 있거든요.

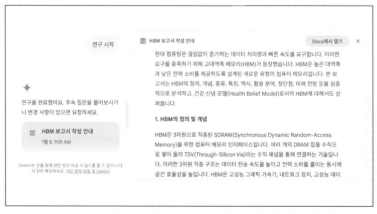

Deep Research를 통해 보고서 초안을 빠르게 완성할 수 있습니다.

08. 이미지 기반 생성형 AI

이번 장에서는 이미지 기반 생성형 AI에 대해 살펴보고자 합니다. 생성형 AI에 대해 조금 관심 가지게 되면, 허깅페이스(HuggingFace)라는 사이트를 들어보시게 될 텐데요. 허깅페이스는 자연어 처리 분야 오픈소스 플랫폼으로 다양한 생성형 AI 모델을 공유하는 커뮤니티입니다. 다른 AI 개발자들이 업로드한 AI 모델들을 이곳에서 쉽고 편리하게 사용할 수 있죠. 또한, 허깅페이스에서는 자체적으로 AI 성능을 평가해 순위를 부여하는 리더보드 커뮤니티를 운영하고 있습니다. 이른바 'Text-to-Image Leaderboard'에서 현시점 가장 성능이 좋은 이미지 AI 모델들의 순위를 확인할 수 있습니다.

CREATOR	NAME	ARENA ELO	# APPEARANCES
Recraft AI	Recraft V3	1149	206,570
Black Forest Labs	FLUX1.1 [pro]	1121	242,986
Black Forest Labs	FLUX.1 [pro]	1105	262,884
Midjourney	Midjourney v6.1	1087	258,390
Black Forest Labs	FLUX.1 [dev]	1084	259,196
Ideogram	Ideogram v2	1082	258,848
Midjourney	Midjourney v6	1081	310,184
Ideogram	Ideogram v2 Turbo	1076	260,256

허깅페이스, 이미지 생성형 AI 순위

이미지 생성 - Recraft AI

위의 순서를 기반으로 이미지 생성 AI 도구에 대해 차근차근 함께 살펴보겠습니다. 먼저 Recraft AI를 살펴보겠습니다. Recraft AI를 가입을 하게 되면 100 크레딧을 받을 수 있고, 이를 바탕으로 무료로 여러 이미지를 생성해 볼 수 있습니다.

Recraft AI 메인화면

Recraft AI는 기타 다른 이미지 생성 AI와 비교해 볼 때 텍스트를 잘 이해하여 그림으로 만드는 능력이 가장 뛰어납니다. 아래 그림과 같이 텍스트 표현은 물론이고, 전체적인 이미지 생성 능력이 뛰어나다는 평가를 받고 있습니다.

Recraft Frame 기능을 활용해 생성된 사진을 기반으로 사진 확장 기능까지 굉장히 깔끔하게 해내는 기능을 가지고 있습니다. 아래 그림을 보면 왼쪽 이미지에 사진 양 옆으로 프레임을 설정한 뒤 생성을 누르게 되면, 왼쪽 이미지와 같이 프레임에 알맞게 이미지 사이즈가 조정됩니다. 나아가 이미지를 부분적으로 편집하는 기능과 목업 기능 등 다양한 이미지 편집 기능을 제공하는 것도 Recraft의 특징 중 하나입니다.

Recraft AI의 Frame 기능

이미지 생성 - Flux.1

다음 이미지 생성 AI는 Flux.1입니다. 사실 Recraft AI가 등장하기 전까지 Flux.1이 가장 이미지 생성이 정확한 AI로 알려져 있었습니다. Recraft AI에 비해 UI가 단순하지만, 고품질의 이미지를 생성하는 이미지 AI로 많이 알려져 있습니다. 최근에는 1.1 Pro Ultra 모델을 출시하면서 이미지 생성 품질에 더욱 신경쓰고 있습니다.

Flux.1 메인화면

이미지 생성 - Midjourney

다음은 디자이너들이 가장 많이 쓰고 있는 이미지 생성 AI 도구인 Midjourney입니다. Midjourney의 경우 굉장히 초창기부터 대표 이미지 생성 AI로 자리매김하고 있죠. 원래는 디스코드앱을 활

용해 이미지를 생성했다가 최근에는 웹사이트에서 이미지 생성 서
비스를 진행하고 있습니다.

Midjourney 메인화면

특히 '--sref 파라미터'를 활용해 이미지를 생성할 때 특정 이미
지 스타일을 참조해 그림을 그리는 기능을 통해 퀄리티 높은 이미
지를 생성할 수 있습니다. 또한, 만화 캐릭터 등을 생성할 때 활용
하는 니지(--niji) 파라미터를 활용한다면, 일본풍의 캐릭터 이미지
를 만들 수도 있습니다. 또한, 자신만의 개인 맞춤형 이미지 스타일
을 설정해 이미지 생성시 참조할 수 있도록 할 수도 있습니다.

Midjourney는 이처럼 디자인에 필요한 다양한 기능들을 제공하
며 디자이너들이 사랑하는 이미지 생성 AI 도구라 할 수 있습니다.
다만 한 가지 단점을 꼽자면, Midjourney를 사용하기 위해서는 적
어도 월 $10의 유료 결제가 필수입니다. 따라서 만약 디자인을 본

업으로 하지 않으시는 분들이라면 다음 소개해 드릴 무료 이미지 AI 도구를 사용하신 뒤 Midjourney를 사용하실 것을 권장합니다.

이미지 생성 - ImageFX

다음은 무료임에도 사실적인 이미지 출력에 효과적인 이미지 생성 AI 도구인 ImageFX에 대해 이야기해보겠습니다. ImageFX는 구글에서 서비스하는 이미지 AI인데요.

사진을 불러온 것 같은 착각을 들게 만드는 이미지를 생성합니다. 한 번은 너무나 이미지가 사실적이어서 사이트 어딘가에서 이미지를 가져온듯 하여 이미지 검색을 해보기도 했습니다. 그러나 비슷한 이미지는 발견할 수 있었지만, 동일한 이미지를 찾을 수 없었습니다.

ImageFX 메인화면

그만큼 사실적인 이미지 출력에 강점이 있는 이미지 AI 도구입니다. 사진처럼 이미지를 출력하기 때문에 저는 혹시 여행 블로그를 운영하시는 분들이라면 ImageFX를 활용하면 좋다고 추천드립니다. 만약 사진이 날아갔거나 풍경 이미지가 필요하다면 곧바로 ImageFX에서 손쉽게 이미지를 만들어 블로그 포스팅에 활용할 수 있기 때문입니다.

단점을 하나 굳이 뽑자면, ImageFX에는 한국어가 아닌 영어 프롬프트만 가능합니다. 한국어로 프롬프트를 입력하면 이미지를 생성하지 못합니다. 추후에 한국어 지원이 예정되어 있으나 적어도 현시점에서는 ImageFX를 활용하기 위해서는 번역기를 활용해야 합니다.

ImageFX 이미지 생성 사례

이미지 생성 - Ideogram

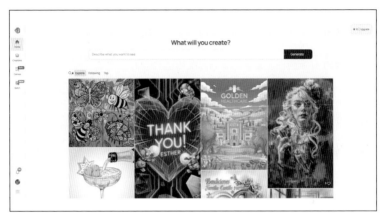

Ideogram 메인화면

다음으로 Ideogram를 소개해 드립니다. Ideogram은 몇 달 전까지만 하더라도 무료로 무제한으로 이미지를 생성할 수 있어 자주 쓰던 AI 도구였는데요. 최근 업데이트가 진행되면서 유료화가 되었습니다.

그러나 무료로 매주 10번의 그림을 생성할 수 있는 10개의 크레딧을 제공하고 있으니 참고하시면 좋겠습니다. 사실 Ideogram AI를 활용하는 가장 큰 이유 중 하나는 바로 폰트 디자인에 강력한 이미지 도구이기 때문입니다. 폰트를 프롬프트를 통해 우리가 원하는 형태로 디자인을 할 수 있는 도구가 바로 Ideogram입니다. 아쉬운 점은 한국어 폰트가 아닌 영어만 가능하다는 점이지만 그럼에도 크리스마스 카드를 만드는 등 활용성이 무궁무진한 이미지 AI 도

125

구라 할 수 있습니다.

다른 사람들이 만든 폰트 디자인을 만든 프롬프트를 활용해 나만의 폰트로 변경하는 것도 가능합니다. 예를 들면 아래 그림과 같이 폰트 이미지 레퍼런스를 체크해서 마음에 드는 폰트 디자인이 있다면, 해당 폰트를 만든 프롬프트를 복사하여 글자만 변경하는 것도 방법이겠습니다. 주변 지인 중 해당 기능을 활용해 크리스마스 카드를 만들기도 했을 만큼 굉장히 유용한 기능이니 한 번 꼭 활용해 보시는 것을 추천합니다.

폰트 디자인에 강한 Ideogram

이미지 생성 - Dreamina

다음으로 소개해 드릴 이미지 AI는 영상 편집앱으로 널리 알려진 Capcut에서 만든 이미지 생성 AI 도구인 Dreamina입니다. 개인적으로 Dreamina는 Midjourney의 무료판 이미지 AI라 생각합니다. Midjourney에서 제공하는 다양한 기능들을 제공합니다.

앞서 Midjourney에서 설명한 참조 이미지 기능(--sref)을 프롬프트 하단 '참조 이미지'라는 버튼을 통해 기능을 제공합니다. 해당 기능을 활용해 저는 표지 이미지 작업 등을 하는 편입니다. 만약 Midjourney를 활용하고 싶으시다면 일단 먼저 Dreamina로 이미지 생성 프롬프트를 연습하신 뒤 유료구독을 진행하시는 것을 추천합니다.

Dreamina 메인화면

이미지 생성 - Dalle-3

앞서 콘텐츠 생성 파운데이션 모델로 설명드린 ChatGPT에서도 달리3라는 이미지 모델을 활용해 이미지를 생성할 수 있습니다. ChatGPT를 사용해보신 분들이라면 한 번쯤 ChatGPT로 손쉽게 이미지를 만들어 보셨을 텐데요. 달리3의 강력한 점을 하나 다시 말씀드리자면, 대화형 맥락을 이끌면서 이미지를 계속해 발전시킬 수 있다는 점입니다. 예를 들면, 만약 반 고흐의 그림을 모티브로 하여 그림을 그리고자 한다면 아래와 같이 프롬프트를 설계해 볼 수 있습니다.

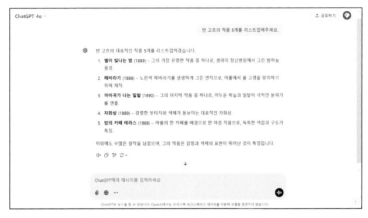

반 고흐 그림을 모티브로 그림 생성한 사례(1)

ChatGPT에 직접 질문하거나 아니면 Search GPT를 통한 검색을 하여 반 고흐의 작품을 먼저 묻고, 그다음 작품 하나를 골라 해당 그림체를 활용해 그림을 그려달라고 할 수 있습니다. 아래 이미지와 같이 말이죠. 어떠세요? 사실 다양한 이미지 생성 AI가 등장하면서 달리3의 능력이 저평가되고 있습니다. 그럼에도 ChatGPT의 맥락 이해 기능을 활용해 효과적으로 이미지를 생성할 수 있다는 점을 잊지 말아야 합니다.

또한, ChatGPT는 이미지 편집 도구를 제공하고 있습니다. 이미지를 생성하다 보면, 동일한 이미지를 계속해서 출력하기란 거의 불가능에 가까운데요. 이를 보완하여 생성된 이미지를 그대로 둔 채 부분적으로 이미지를 수정할 수 있는 기능을 달리3는 제공합니다. 아래 그림과 같이 달 부분을 태양으로 부분적으로 변경한 것을 확인할 수 있죠. 이러한 기능을 인페이팅(Imprinting)이라 부르기도 합니다.

반 고흐 그림을 모티브로 그림 생성한 사례(2)

이미지 생성 - Aurora

ChatGPT와 비슷하게 Grok에서도 이미지를 생성할 수 있는 기능이 내재되어 있습니다. 2024년 말까지만 하더라도 Flux.1을 활용해 이미지를 생성했었지만, 2024년 12월 9일 xAI가 Aurora라는 이미지 모델을 활용해 이미지를 생성하기 시작했습니다. 제가

Grok의 Aurora의 가장 큰 특징 중 하나로 꼽는 것은 바로 초상권을 무시하는 이미지 생성 능력입니다.

Grok의 Aurora로 출력한 트럼프 대통령

Aurora는 유명 셀럽의 얼굴을 AI로 출력할 수 있습니다. 이는 다른 생성형 AI가 규제하고 있는 기능입니다. 아래 이미지와 같이 도널드 트럼프 대통령의 얼굴을 곧바로 생성할 수 있습니다.

유명인들의 이미지를 생성할 수 있다는 것을 조금만 확장시켜서 생각해 볼까요? 잘 생각해 보면, 유명인이 등장하는 광고 포스터를 우리는 손쉽게 몇 번의 프롬프트 입력을 통해 만들 수 있지 않을까요? 만약 제가 사과를 판매하는데, 트럼프 대통령이 내 사과를 홍보하는 포스터 이미지를 만들어 볼 수 있습니다. 아래 사진을 확인해 보세요.

사과를 들고 있는 트럼프 대통령 이미지 출력 사례

이미지 생성 - Genspark

최근에는 위와 같은 다양한 생성형 이미지 AI 도구들을 한곳으로 모아 한꺼번에 비교할 수 있는 서비스도 등장하고 있습니다. 바로 앞서 우리가 살펴봤던 Genspark에서 '이미지 생성' 탭을 활용하면 앞서 살펴보았던 여러 이미지 AI 도구들을 모두 사용할 수 있습니다.

이중 Mixture-of-Agents 탭을 설정한 뒤 이미지를 생성하면, 여러 다양한 이미지 AI 모델을 동시적으로 활용해 출력된 결과물을 서로 비교해볼 수 있습니다. 아래와 같이 말이죠. 또한, Genspark 는 '자동 프롬프트' 기능과 참조 이미지까지 제공하여 이미지 프롬 프트를 좀 더 구체적으로 만들어줘 이미지 출력 품질을 높여주기도 합니다. 따라서 저는 2025년에 들어서는 Genspark를 활용해 이 미지를 생성하고 있습니다.

Genspark의 Mixture-of-Agent

지금까지 수많은 이미지 생성 AI를 함께 살펴보았습니다. 사실 위에서 설명한 이미지 AI 도구보다 설명하지 못한 이미지 AI 도구 가 훨씬 더 많습니다. 적어도 위에 언급한 이미지 AI 모델들은 많은 사람이 활용하고 있고, 여러분들의 업무에도 실질적인 도움을 줄 것이라 기대됩니다.

꼭 기억하셔야 할 점은 이미지 AI 모델 성능도 중요하지만 가장 중요한 것은 디자인 공부라는 점입니다. 이미지 생성을 위해 프롬프트를 설계할 때에는 구체적으로 이미지 표상을 설명할수록 원하는 결과물에 가까워지기 마련입니다. 따라서 이미지를 생성할 때 가용할 수 있는 디자인적 지식들을 십분 활용해 프롬프트를 설계하는 것을 추천드립니다.

Genspark 이미지 생성 사례

Image Prompt Generator

만약 디자인 비전공자여서 원하는 이미지 결과를 얻기 힘드신 분들은 ChatGPT의 Custom GPTs를 활용해보시는 것을 추천드립니다. GPT 검색에서 'Image Prompt'라는 키워드만 입력해도 수많은 이미지 생성을 위한 프롬프트 보조 챗봇들이 등장합니다. 여러 챗봇 중 여러분에게 적합한 챗봇을 찾아 프롬프트 설계에 도움을 받아볼 수 있습니다.

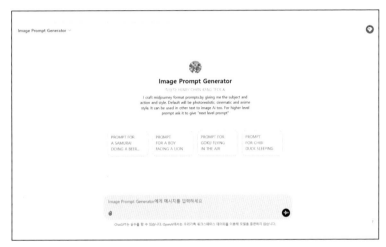

ChatGPT 챗봇 - Image Prompt Generator

이미지 편집 - Canva

생성된 이미지를 편집할 수 있는 이미지 편집 도구에서도 최근 상당 부분 AI 기술이 접목되고 있습니다. 가장 대표적으로 잘 알려진 도구 Canva가 있습니다. 사실 우리나라의 경우 Canva보다는 이미지 편집도구인 망고보드나 미리캔버스를 사용하시는 분도 꽤나 많습니다. 망고보드와 미리캔버스의 경우 우리나라 기업이 만든 서비스이다보니 우리나라에서 선호하는 이미지 스타일이나 여러 디자인 요소를 제공해준다는 점이 강점이라 할 수 있습니다. 그럼에도 제가 Canva만을 이미지 편집 도구로 소개하려는 이유는 바로 Canva가 다양한 AI 도구를 통합해 AI 이미지 편집 도구로 가장 강력하기 때문입니다.

Canva 작업화면

Canva만 제대로 활용하기만 하더라도 디자인을 전혀 모르는 사람이라도 어느 정도 원하는 이미지를 편집해 만들 수 있습니다. 차근차근 Canva에서 제공하시는 방법을 소개하겠습니다. Canva에서 이미지를 생성하는 방법은 크게 두 개로 구분할 수 있는데요. 하나는 가장 최신에 업데이트된 드림랩스(DreamLabs)라는 곳에서 이미지를 생성할 수 있습니다. 이미지 참조 기능을 활용하고, 이미지 스타일을 설정해 이미지를 출력할 수 있는 고급 이미지 기능이 바로 DreamLabs입니다. 무료 플랜으로는 20개의 이미지밖에 출력하지 못하지만, 유료구독을 하면 현재 500번까지 이미지를 출력할 수 있습니다.

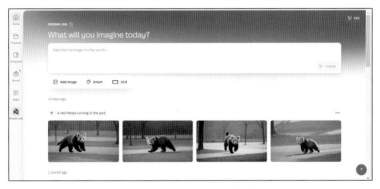

Canva DreamLabs 화면

이미지를 생성할 수 있는 또 다른 기능은 실제 편집 화면 내에 있는 요소(Elements)탭에서 확인할 수 있습니다. 바로 왼쪽 사이드바에서 스크롤을 내려보면 AI Image Generator를 찾을 수 있습니다.

AI Image Generator 화면

해당 기능을 활용하면 이미지 스타일과 참조 이미지 그리고 비디오까지 생성할 수 있습니다. DreamLabs와 AI Image Generator 모두 이미지를 생성할 수 있는데요. Canva라서 특별한 점이 하나 있습니다. 만든 이미지를 별도로 저장할 필요 없이 곧바로 캔바에서 편집이 가능하다는 점입니다.

예를 한 번 들어볼까요? DreamLabs에서 출력한 랫서팬더 이미지에 마우스 커서를 가져다 대면 편집(Edit) 버튼이 나오는데요. 해당 버튼을 누르게 되면 Canva의 이미지 편집 화면으로 곧바로 넘어가 이미지를 편집할 수 있게 됩니다.

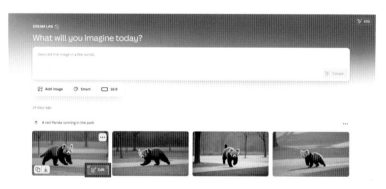

이미지 아래 'Edit' 버튼을 통해 편집 가능합니다.

그렇다면 본격적으로 Canva에서 제공하는 이미지 편집 도구들을 살펴볼까요? AI 이미지 편집 도구를 Canva에서는 매직 스튜디오(Magic Studio)라 부릅니다. 아래 왼쪽 탭을 살펴보면 매직 스튜디오에 여러 기능들을 확인할 수 있죠.

Canva는 Magic Studio라는 AI 편집 도구를 제공합니다.

첫 번째로 BG Remover, 배경 지우기 혹은 일명 '누끼따기' 기능을 써볼까요? 해당 버튼을 누르면 단 몇 초만에 배경을 깔끔하게 지워줍니다. 어떠세요? 굉장히 편리하죠?

BG Remover를 활용해 배경을 지운 사례

자주 쓰는 다른 기능을 보여드리자면, 매직 그랩(Magic Grab) 기능도 있는데요. 해당 기능은 그림 내 주요 요소를 별도 요소로 인식해 분리해 줍니다. 아래와 같이 랫서펜더를 인식해 요소를 이동시킬 수 있죠. 이뿐만 아니라 텍스트를 인식하는 기능인 텍스트 그랩(Grab Text)과 부분적으로 이미지를 변경하는 기능인 매직 편집(Magic Edit) 그리고 이미지를 추가적으로 채워넣어 확장하는 기능인 매직 확장(Magic Expand) 기능을 제공합니다.

나아가 Canva 내 수많은 앱들을 활용해 이미지를 업스케일링하거나 다양한 효과를 주는 방법으로 이미지를 편집할 수도 있습니다. 이처럼 Canva 하나만 잘 활용하기만 하더라도 정말 효과적으로 이미지를 편집할 수 있으니 꼭 활용해 보시는 것을 추천합니다.

Magic Grab 기능을 활용해 랫서팬더 요소만 분리한 사례

마인드맵 - Whimsical AI

다음으로 마인드맵과 도식을 만드는 AI에 대해 살펴보겠습니다. 가장 먼저 마인드맵을 그려주는 AI로는 대표적으로 Whimsical AI가 있습니다. Whimsical AI로는 마인드맵뿐만 아니라 플로우차트

그리고 순서도 등을 그릴 수 있는데요. 아래와 왼쪽 하단 버튼을 활용하면 AI 기능을 활용해 빠르게 도식을 그릴 수 있습니다.

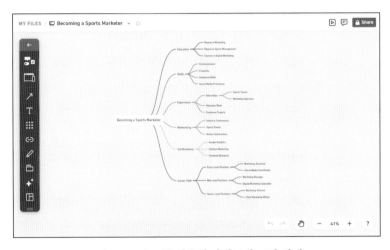

Whimsical AI를 활용해 마인드맵 그린 사례

도식 - Napkin AI와 Graphy

도식을 만들어 주는 AI 도구로는 Napkin AI와 Graphy가 있습니다. 이중 Napkin AI를 추천드리는 데 가장 큰 이유는 바로 무료이기 때문입니다. 물론 Napkin AI 역시도 베타 서비스 기간이 지나면 바로 한 번 유료구독 서비스를 출시할 예정입니다. 따라서 가능하면 빠르게 사용해 보시는 것을 추천드립니다. 아래와 같이 보고서 내용을 붙여 넣고, 부분적으로 도식화를 원하는 부분을 드래그하여 도식을 생성할 수 있습니다. 아래와 같이 보고서의 맥락에 맞춰 도식을 생성할 수 있기 때문에 전달하고자 하는 바를 시각화 하는데 편리한 기능입니다.

Napkin AI 도식화 사례

반면, Graphy는 데이터를 기반으로 한 내용을 도식화하는 데에 특화되어 있습니다. 수치 데이터가 들어있는 엑셀 파일을 첨부하 면, 아래와 같이 멋진 그래프로 도식을 만들어주는 기능을 제공합 니다. 다만 무료 플랜으로는 3개까지만 도식을 만들 수 있으니 참 고해 주세요.

Graphy 도식화 사례

이번에는 PPT를 생성하는 AI 도구를 살펴보겠습니다. PPT AI의 선두두자는 단연 Gamma AI라 할 수 있는데요. Gamma는 단순히 주제를 입력하거나 보고서 또는 노트 내용을 텍스트로 입력하거나 또는 PDF와 같은 파일을 활용해 PPT를 생성할 수 있는 AI 도구입니다.

Gamma PPT 생성화면

저의 경우는 보고서를 완성한 뒤 해당 보고서의 내용을 텍스트 그대로 복사하여 위 그림에서 '텍스트로 붙여넣기' 탭을 설정해 PPT를 빠르게 만드는 방법으로 빠르게 PPT 초안을 잡습니다. 아래 그림과 같이 보고서의 내용 텍스트 형태로 입력합니다. 더불어 '설정' 부분에 해당하는 여러 선택요소들을 선택한 뒤 '계속'을 누릅니다.

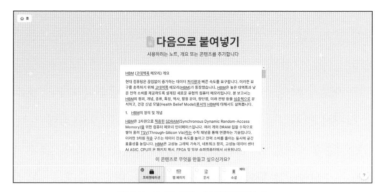

텍스트로 붙여넣어 PPT 만들기

다음 화면에는 PPT 슬라이드의 테마를 고르게 됩니다.

PPT 디자인 테마 고르기

테마를 미리 본 뒤, 오른쪽에 위치한 '생성' 버튼을 누르게 되면, 8개의 슬라이드로 구성된 PPT 슬라이드가 순식간에 완성됩니다.

이처럼 보고서 형태가 순식간에 PPT 형식으로 변환될 수 있습니다. 다만 주의할 점은 Gamma를 통해 완성된 PPT는 어디까지나 프레젠테이션 초안으로써의 기능만을 할 수 있다는 점입니다. 단순하게 보고서를 PPT 형식으로 변환한 것일 뿐 디테일한 부분은 사용자가 직접 수정해야 합니다. 따라서 실무적으로는 Gamma를 활용해 빠르게 PPT 슬라이드 구성을 참조하여 앞서 살펴본 Canva로 상세하게 편집하는 것을 추천합니다. 저의 경우도 대략적으로 강의안을 워드파일로 기획한 뒤, 해당 내용을 Gamma로 옮겨 대략적인 구성방식을 확인한 뒤 Canva로 최종 편집합니다.

Gamma로 단 몇 초만에 PPT를 완성할 수 있습니다.

물론 Gamma 이외에도 다양한 PPT AI 도구들이 많이 나와 있습니다. 대표적인 것이 Beautiful AI입니다. 첫 달 무료 사용은 가능하지만, 그 다음 한 달부터는 월 $12를 납부해야 이용이 가능하기 때문에 무료로 PPT를 만들어 볼 수 있는 Gamma를 추천합니다.

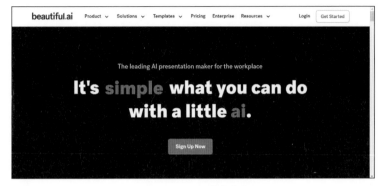

Beautiful AI 메인화면

PPT - Felo AI

사실 2024년 말까지만 하더라도 PPT AI라고 하면 무조건
Gamma였는데요. 최근 Felo AI의 업데이트로 무료 플랜으로도 많
은 양의 PPT 슬라이드를 손쉽게 만들 수 있게 되었습니다. 참고로
Gamma는 무료로는 최대 8장의 PPT 슬라이드를 만들 수 있는데
반해 Felo AI는 내용에 따라 30장 넘는 PPT 슬라이드를 생성할 수
있습니다.

Felo AI를 활용해 PPT 문서를 빠르게 만들 수 있습니다.

아래와 같이 Felo AI는 PPT 슬라이드를 빠르게 생성할 수 있습니다.

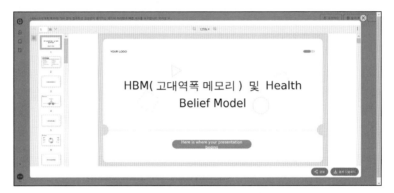

Felo AI로 완성된 PPT 사례

뿐만 아니라 Canva와의 연동 기능을 통해 작성된 PPT 내용을 Canva에서 빠르게 편집할 수 있는 기능도 제공합니다. 이에 따라 2025년을 기준으로 PPT 도구는 Gamma보다는 Felo를 활용하시는 것을 추천합니다.

Canva로 편집하기 버튼

Canva로 가져와 PPT 수정이 가능합니다.

09. 오디오 기반 생성형 AI

음악 - Suno AI

대표적인 음악 AI로는 Suno AI가 있습니다. Suno AI는 사용자가 간단하게 텍스트만 입력해도 정말 고품질의 음악을 생성할 수 있는 AI입니다. 무료 플랜도 하루에 50 크레딧을 제공하기 때문에 부담 없이 테스트할 수 있는 것도 Suno AI의 장점이라 할 수 있습니다.

Suno AI에서 곡을 만드는 방법을 차근차근 말씀드리겠습니다. 먼저 어떤 장르의 곡을 생성할지 결정해야 합니다. 만약 Suno가 생성할 수 있는 곡의 장르가 궁금하다면 오른쪽 탭에 있는 'Explore'를 눌러보세요. 그러면 정말 다양한 장르의 곡을 직접 들어보면서 선택할 수 있습니다. 이때 원하는 장르가 있다면 해당 장르의 특징과 명칭을 기억해야 합니다.

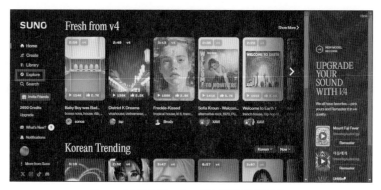

Suno AI에서 'Explore'을 클릭해 보세요.

만약 생성하고자 하는 곡의 장르를 K-pop으로 골랐다면, 이제 Create 버튼을 눌러 곡을 만들어 볼 수 있습니다. 자, 이제 Song description 위에 있는 Custom의 토글을 활성화시키면 아래와 같이 가사(Lyrics)를 입력하는 란이 나옵니다. 여기서 직접 가사를 입력할 수 있습니다.

다양한 장르의 곡들을 이곳에서 확인할 수 있습니다.

Suno에서 곡 만들기

하지만 최근 Suno에서는 가사를 대신 작성해주는 AI '레미 (ReMi)를 도입하여 가사 작성의 품질을 높였는데요. 이를 활용해 가사를 빠르고 쉽게 완성시킬 수도 있습니다. 위 이미지에서 'Write with Suno'를 클릭하면 아래와 같이 가사를 쓰는 창이 띄워지고 이곳에 가사 주제나 각각의 특징들을 입력하면 해당 내용을 바탕으로 가사를 우리가 직접 AI 도움을 빌려 만들 수 있습니다.

Suno 가사 작성 - 레미(ReMi)

예시로 저는 봄을 주제로 각운이 뚜렷하게 보이도록 하는 가사를 작성해 달라고 요청해 보도록 하겠습니다. 아래와 같이 프롬프트를 입력했더니 2개의 가사를 출력했습니다. 'Accept This Option'을 눌러 두 개의 가사 시안 중 여러분이 원하는 가사를 선택하면 가사가 반영됩니다.

ReMi로 작성된 2개의 가사 사례

가사가 입력되면 다음은 음악 스타일을 입력할 차례입니다. 우리는 앞서 케이팝 스타일의 곡을 만들고자 결정했으므로 K-pop을 입력해 줍니다. 사실 한국어로 입력을 해도 괜찮지만, 좀 더 정확한 장르 반영을 위해서는 영어로 작성할 것을 추천합니다.

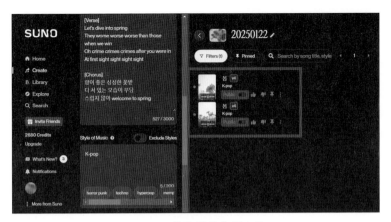

Suno로 최종 완성된 곡 2개

다음으로 곡의 타이틀을 입력하고, Create 버튼을 누르면 한 번에 2개의 곡이 생성되게 됩니다. 이렇게 하면 가사 있는 음악을 생성할 수 있습니다.

만약 가사 없는 음악을 생성하고 싶다면, Instrumental 부분을 활성화해야 합니다. 동일한 화면에서 Instrumental 부분의 토글을 활성화하면 가사 없이 음만으로 구성된 곡을 생성할 수 있습니다. 개인적으로 저는 가사 없는 곡을 만들어 영상의 배경음악 또는 로고송 등으로 활용하기도 합니다.

Instructional Mode를 통해 가사 없는 곡을 만들 수 있습니다.

다음으로 소개해 드릴 AI 도구는 음성을 텍스트로 변환해주는 서비스입니다. 대표적인 보이스 투 텍스트(Voice to Text) 서비스로는 네이버 클로바노트가 있습니다.

네이버 클로바노트 메인화면

클로바노트는 네이버에서 서비스하는 AI 서비스 중 하나로 녹음된 음성을 텍스트로 변환해줍니다. 무료로는 매달 기본 300분 사용시간과 추가시간 역시도 300분 제공됩니다.

클로바노트 왼편에 음성녹음 아이콘을 누른 뒤 말을 하게 되면, 녹음이 시작되게 됩니다. 녹음이 끝나면, 해당 음성 데이터를 클로바노트가 분석해 아래와 같이 텍스트로 변환하게 됩니다. 작년까지만 하더라도 변환 정확도가 떨어진다는 평가가 있었지만, 최근 정확도가 굉장히 높아진 느낌입니다.

왼편 상단에 있는 녹음버튼을 눌러 음성을 텍스트로 변환합니다.

클로바노트는 주로 회의록이나 강의를 녹취할 때 사용됩니다. 회의를 할 때 클로바노트를 켜둔다면, 별도 기록할 필요 없이 회의 내용을 텍스트로 그대로 옮겨 적을 수 있습니다. 단, 말소리가 중복되거나 잡음이 많다면 텍스트 변환 정확도가 현저하게 떨어지니 이점은 주의해야 합니다. 강의도 마찬가지입니다. 강의를 시작하기 전 클로바노트 음성녹취를 활성화해둔다면 강의 내용을 텍스트로 받아볼 수 있습니다.

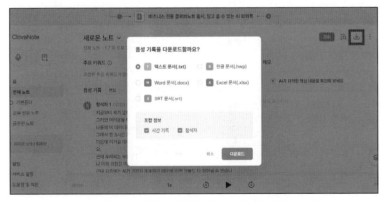

텍스트로 변환된 음성파일을 다양한 형식으로 다운받을 수 있습니다.

음성녹음이 텍스트로 변환이 되었다면 오른쪽 상단에 있는 다운로드 버튼을 눌러 다양한 문서 형식으로 받아볼 수 있습니다. 이제 음성 기록을 활용해 우리는 다양한 형식의 문서를 만들 수 있습니다. 회의 음성 기록의 경우 ChatGPT에 파일을 첨부해 회의록으로 변환할 수 있죠. 또한, 강의의 경우 앞서 살펴본 Felo AI를 활용해 PPT 형식으로 변경할 수 있습니다.

Text to Voice - 네이버 클로바더빙

마지막으로 텍스트를 음성으로 변환하는 오디오 기반 생성형 AI를 함께 알아볼까요? 첫 번째 AI 도구로 네이버의 클로바더빙을 소개합니다. 클로바더빙은 AI 음성을 텍스트를 활용해 생성하는 도구입니다.

네이버 클로바더빙 메인화면

무료로도 아래와 같이 넉넉하게 AI 보이스를 만들 수 있습니다. 특히 자연스러운 한국어를 구사할 수 있는 AI 목소리를 다량 보유하고 있습니다. 그러다보니 유튜브 쇼츠를 넘기다보면 만나게 되는 AI 목소리가 바로 클로바더빙에 있는 것이죠.

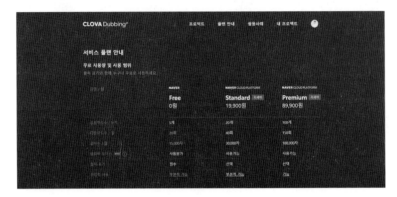

네이버 클로바더빙 요금제

비디오 또는 오디오 형식으로 프로젝트를 진행할 수 있습니다. 사용 방법은 간단합니다. 더빙에 들어갈 AI 목소리를 선택한 뒤 더빙할 내용을 입력합니다.

비디오나 오디오 프로젝트를 선택할 수 있습니다.

그리고 더빙된 음성 목소리를 비디오의 구간 중 적절한 곳에 배치합니다. 어때요? 간단하죠.

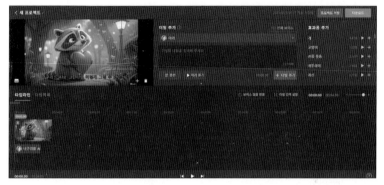

네이버 클로바더빙 프로젝트 사례

Text to Voice - 타입캐스트

다음 소개해 드릴 AI 음성 서비스는 타입캐스트입니다. 타입캐스트 역시도 클로바더빙과 함께 유명한 AI 보이스 서비스인데요. 아쉬운 점이라면 무료로 제공되는 시간이 클로바더빙에 비해 많이 적다는 점입니다.

하지만 음성이 강조된 간단한 영상을 제작할 때 타입캐스트는 간단한 편집 UI를 제공합니다. 따라서 유튜브 쇼츠 등에서 타입캐스트를 활용해 제작된 영상들을 자주 볼 수 있죠.

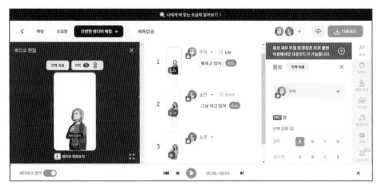

타입캐스트로 만든 간단한 음성 AI 영상 제작 사례

Text to Voice - ElevenLabs

사실 AI 보이스 도구로 클로바더빙과 타입캐스트 정도로도 충분합니다. 그러나 좀 더 다양하고 강력한 기능들을 활용하고자 한다면 ElevenLabs를 추천드립니다. ElevenLabs는 2024년 1월 8,000만 달러 투자를 유치하면서 기업 가치가 11억 달러로 평가된 유니콘 기업입니다.

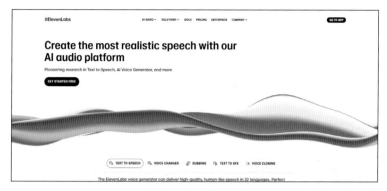

ElevenLabs 메인화면

저는 개인적으로 ElevenLabs를 활용해 AI 목소리를 출력하는데
요. 가장 큰 이유 중 하나는 바로 ElevenLabs는 제 목소리를 학습
해 활용할 수 있는 보이스 클론(Voice Clone) 기능을 제공한다는
점입니다. 해당 기능의 경우 월 $22의 비용이 들어가는 크리에이
터 플랜부터 활용할 수 있는데요. 최소 30분 이상의 음성 데이터를
활용해 생성할 수 있습니다.

ElevenLabs의 Professional Voice Clone

ElevenLabs는 유니콘 기업답게 AI 음성과 관련한 다양한 서비스를 제공하는데요. 대표적인 서비스 중 하나는 유튜브 영상 링크를 입력하면 다른 나라 언어로 통역해주는 더빙 스튜디오 서비스가 있습니다. 영상 링크나 파일을 업로드하면 해당 영상에서 말하는 속도 등을 잘 반영하여 다른 언어로 변경해주는 것이죠.

ElevenLabs 더빙 스튜디오

뿐만 아니라 효과음을 생성하는 사운드 이펙트(Sound Effect) 기능도 있어 영상 콘텐츠를 제작할 때 유용하게 활용할 수 있습니다. 단순하게 원하는 효과음을 텍스트로 작성하면 관련 내용으로 된 효과음을 생성할 수 있습니다.

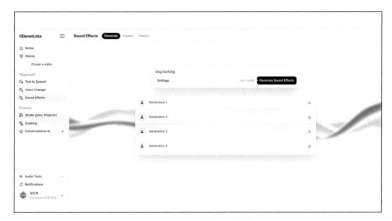

ElevenLabs 사운드 이펙트

10. 동영상 기반 생성형 AI

    2024년 말부터 영상 AI의 많은 발전이 있었습니다. 가장 눈에 띄는 발전은 바로 영상의 어색함이 초창기보다 많이 줄었다는 점인데요. 아래 이미지와 같이 초창기 AI 영상은 괴기한 손가락 움직임, 뜬금없는 요소의 등장으로 아직 실무에 도입하려면 한참 멀었다는 평가를 받기도 했습니다.

영상 AI - Sora

    현재 대표적인 영상 AI로는 단연 OpenAI의 Sora를 꼽을 수 있겠습니다. 사실 Sora는 2024년 초부터 많은 관심을 가졌던 영상 AI 도구였습니다. 특히 매끄럽게 날아가는 수많은 종이비행기 영상과 같은 높은 영상미의 베타 영상으로 인해 많은 영상제작자가 당혹감을 표현한 것으로 유명했죠.

Sora가 출력한 영상 샘플

그러나 일반 대중에게 공개되기까지는 꽤나 긴 시간이 필요했나 봅니다. 공식적인 출시는 2024년 12월 9일에 이뤄졌으며, 현재 ChatGPT 유료구독자들이라면 플랜에 따라 동영상을 만들어 볼 수 있습니다. ChatGPT 유료구독이 연동되어 기타 다른 영상 AI 도구와 달리 접근성이 높은 영상 AI라 평가되고 있습니다.

Sora에서는 프롬프트를 입력하는 것만으로도 480p~1080p 해상도의 영상을 최대 20초를 제작할 수 있습니다. 나아가 세로형,

가로형 비디오 역시도 만들 수 있죠. 영상 프롬프트만 잘 설계할 수 있다면, 간단한 영상은 Sora로 만들 수 있습니다.

다양한 영상출력 옵션을 제공하는 Sora AI

Sora에서 가장 강력한 기능은 바로 스토리보드(Storyboard) 기능인데요. 영상을 생성할 때 각각의 시간별로 어떤 모션을 해야 하는지 등을 구체적으로 스토리보드로 기록해 영상을 최대한 구체적으로 생성할 수 있게 하는 기능입니다. 스토리보드를 활용한다면 상상만 했던 영상을 최대한 구체적으로 형상화시킬 수 있습니다.

Sora의 스토리보드 모드를 활용한 영상제작 사례

사실 영상 AI로는 Sora만을 제대로 활용해도 콘텐츠를 제작하는 데 무리가 없을 것 같습니다. 다만, 앞서 말씀드린 바와 같이 AI 도구 업데이트 사항에 따라 매번 패러다임이 바뀔 수 있으므로 경쟁사의 영상 AI도 함께 간단하게 언급하도록 하겠습니다.

영상 - LumaLabs

첫 번째로 Lumalabs라는 영상 AI 회사를 기억해 주세요. 루마랩스의 경우 최근 UI를 개편하고 새로운 모델을 업데이트했는데요. 아쉽게도 Sora 출시로 인해 업데이트가 묻힌 경향이 있는 것 같습니다.

LumaLabs 메인화면

영상 - Pikalabs

다음으로는 PikaLabs라는 영상 AI 도구도 유명합니다. PikaLabs는 영상의 품질이 주로 주목받기보다는 영상 효과 적용에 강점이 있는 영상 AI입니다. 피카이펙트(Pikaeffect)가 바로 그런 영상 효과 기능인데요. 해당 효과를 활용하면 영상 속 사물이 갑자기 풍선처럼 부풀거나 스티커처럼 떼어질 수 있습니다. 재미있는 기능이니만큼 SNS에 많은 바이럴이 되기도 했습니다.

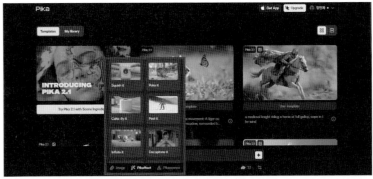

Pikalabs는 피카이펙트 기능이 특징입니다.

영상 - Runway

Runway라는 영상 AI 도구도 있습니다. 개인적으로 사실 Sora가 나오기 이전에 제가 유료구독해 사용한 모델이 바로 런웨이었

습니다. Sora AI가 나오기 전에 가장 자연스럽고 좋은 영상 품질을
자랑했습니다.

Runway 메인화면

영상 - Kling AI

또 다른 영상 AI로는 Kling AI가 있습니다. Kling AI는 중국 업
체가 만든 AI 영상 모델로 저렴한 구독료를 자랑합니다. 그렇다고
해서 영상 품질이 낮은 것도 아닙니다. 오히려 Sora와 비교될 만큼
좋은 영상 품질을 보인다고 평가받고 있습니다.

Kling AI 메인화면

167

영상 - Hailuo AI

최근에는 Hailuo AI로도 자연스럽고 품질 높은 영상을 출력할 수 있어 많은 사람들이 활용하고 있습니다. Hailuo 역시 중국 미니맥스라는 회사가 개발한 AI 모델로 현재 무료 가입을 하면 많은 크레딧을 제공해주기 때문에 무료로 영상을 만들기에 충분합니다.

Hailuo AI 메인화면

정리해 보겠습니다. 저는 영상 AI로는 Sora를 추천드리고 만약 Sora 이외에 영상 AI를 사용하고 싶으시다면 Kling과 Hailuo를 추천하고 싶습니다. 그 이유는 구독료가 저렴하면서도 양질의 영상을 출력할 수 있기 때문입니다. 특히 Kling AI의 경우 카메라 이동을 설정할 수 있는 기능은 물론, 사물의 모션을 제어하는 모션브러시 기능까지 제공하기에 만족도 높은 영상을 출력할 수 있습니다.

유튜브와 같은 SNS 영상 제작에 특화된 영상 AI 도구들도 있습니다. 여러 도구 중 가장 유명한 도구는 바로 Invideo AI입니다. 인비디오는 영상의 주제나 대본에 따라 필요한 영상 클립들을 조합해 영상을 만들어 주는 AI 도구인데요. 앞서 언급한 여러 영상 생성 AI와 조합해 사용한다면 업무생산성을 높일 수 있습니다. 다만, 아직까지 실무에 직접적으로 활용하기에는 조금더 기능적 보완이 필요해 보인다는 점을 함께 언급합니다.

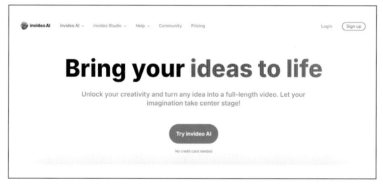

Invideo AI 메인화면

영상 편집- Canva, Capcut, Vrew

비디오 편집 도구에는 앞서 소개해드린 Canva와 Capcut 그리고 Vrew가 있습니다. 영상 편집 관련 도구의 경우 주요 기능적인 측면만 짧게 요약해 언급하도록 하겠습니다.

Canva는 간단한 영상 편집에 사용하면 좋습니다. 간단한 컷편집을 빠르게 진행할 수 있고, Capcut은 자동으로 자막을 달아 주는 오토캡션(Auto-Caption) 기능들을 제공하기에 프리미어 프로보다 간단하게 영상을 편집할 수 있습니다. 만약 영상에 대화가 많거나 주로 대화 및 정보전달을 하는 영상이라면 브루를 사용하는 것을 추천드립니다. Vrew는 텍스트를 기반으로 영상을 편집하는 기능을 제공하므로 대화나 음성이 메인인 영상일 경우 정말 편리하게 영상을 편집할 수 있습니다.

Capcut 메인화면

Vrew 데모영상 작업화면

THE FUTURE
OF TOURISM

3장

관광 분야 생성형 AI
활용과 마인드셋

11. 생성형 AI 도구 선택 방법

이전 장에서는 텍스트, 이미지, 오디오, 비디오를 출력하는 생성형 AI 도구들에 대해 상세하게 살펴보았습니다. 그렇다면 이렇게 수많은 도구 중 내 업무에 적합한 생성형 AI 도구를 어떻게 찾아 사용할 수 있을까요? 특히나 생성형 AI 도구의 경우 유료 결제를 활용해야만 제대로 된 기능을 사용할 수 있습니다. 제대로 된 선택을 해야만 비용을 아낄 수 있습니다.

2장에서 언급한 생성형 AI 도구만 알아두셔도 충분하다고 말씀드릴 수 있으나 다양한 과업을 처리하기 위해서는 더 다양한 생성형 AI를 찾아 나서야 합니다. 가끔씩 저는 어떤 생성형 AI를 구독하고 있는지에 대한 질문을 강의 때 받곤 하는데요. 생성형 AI 도구를 추천할 수 있지만, 제가 생성형 AI 도구 선택 방법에 관해 이야기하는 이유는 여러분의 업무 특성에 맞춰 AI 선택이 달라질 수 있기 때문입니다.

만약 이 책이 디자이너를 대상으로 집필되었다면, 저는 캔바를 소개해 드리기보다는 미드저니와 함께 포토샵(photoshop)과 피그마(Figma)를 중점적으로 설명드릴 것 같습니다. 그러나 이 책의 대상은 비디자이너를 대상으로 하기에 쉽고 빠르게 디자인을 할 수 있는 AI 도구 위주로 설명하였습니다.

이처럼 여러분의 업무 세부 특성에 따라 생성형 AI 도구는 달라지기 마련입니다. 따라서 여러분 스스로 과업에 따라 맞춤형 AI 도구를 찾을 수 있어야 합니다. 제가 생각하기에 이부분이 바로 요즘 화두로 떠오르는 'AI 리터러시'의 실천적 정의가 아닐까 합니다. 우리가 사용하고자 하는 AI를 적재적소에 잘 찾아 활용하는 능력이 점점 중요해지고 있습니다.

자, 그렇다면 구체적으로 생성형 AI 도구 선택 방법에 대해 차근차근 알아보겠습니다. 첫 번째로 여러분이 하고자 하는 업무를 상세하게 분석해야 합니다. 이 부분을 저는 강의 때 특히나 강조드리는데요. 실제 업무를 분석해 보시라고 요청을 드리게 되면, 상당수 많은 분께서 막연하다고 어려움을 토로하기도 합니다. 특히 업무 숙련도가 높으신 분일수록 이런 경향을 보이는데요. 업무를 매끄럽고 자연스럽게 처리하다 보니 업무를 구성하는 과업 단위로 업무를 잘게 쪼개 분석하기 어려워하는 경우가 많습니다.

예를 들면, 여러분이 보고서를 작성한다고 가정해 볼까요? 보고서를 쓴다고 하면, 맨 처음 어떤 일을 하시게 되시나요? 어떤 주제로, 누구에게 보고서를 쓸지 결정해야겠죠? 그다음 결정된 주제와 연관된 정보들을 인터넷이나 책 등 참고문헌을 통해 찾고, 이를 기반으로 보고서 개요를 작성합니다. 개요가 작성되면 보고서를 본격적으로 작성하고, 최종적으로 검토한 뒤 업무보고서가 완성됩니다. 이처럼 업무보고서를 작성하는 업무 자체에도 수많은 과정이 수반됩니다.

업무를 과업 단위로 잘게 쪼갠다면, 각 과업을 진행할 때 구체적으로 어떤 일을 하는지에 대해 알 수 있습니다. 업무보고서와 관련한 정보 검색을 할 때도 여러분들만의 방식이 있을 수 있죠. 유튜브를 통해 주로 정보를 얻을 수 있고, 뉴스기사 또는 학술논문을 통해 정보를 얻을 수도 있습니다. 같은 과업의 단계일지라도 방법 자체가 달라지기에 이에 따라 여러분이 사용하는 생성형 AI도 다르게 선택될 수 있는 것입니다.

이처럼 업무를 잘게 쪼개는 작업을 할 때, 제가 추천하는 방법은 바로 '5H1W', 즉 육하원칙을 활용하는 것입니다. 5W1H는 Who(누가), What(무엇을), When(언제), Where(어디서), Why(왜), How(어떻게)의 6가지 질문을 통한 분석 방법인데요. 예를 들면, 앞서 살펴본 보고서 작성 업무를 육하원칙에 따라 분석해 본다면 다음과 같이 질문해 볼 수 있습니다.

'누구(who)'를 위해 보고서를 작성하는가? 질문함으로써 보고서의 예상독자를 먼저 확인할 수 있죠. 그다음 어떤(What) 주제로 보고서를 작성하는지 스스로 질문해 볼 수 있습니다. 이와 같이 두 가지 과업이 진행되어 보고서의 주제 및 방향성을 결정하는 단계를 거치게 되죠. 다음으로는 '어디서'(Where) 정보를 '어떻게'(How) 얻을 수 있는지에 대한 질문을 할 수 있습니다. 상황에 맞게 적절하게 육하원칙의 질문을 하게 되면, 조금 쉽게 업무과정을 쪼갤 수 있습니다.

다른 방식으로는 AI 도구를 활용하는 방법이 있습니다. 앞서 살펴본 ChatGPT에게 보고서를 작성할 때 어떤 과정을 거쳐 완성할 수 있는지 물어보는 방식이죠.

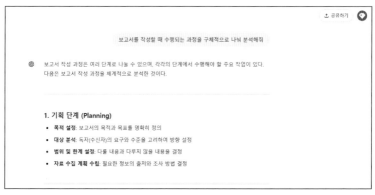

ChatGPT에게 업무과정 분석 요청

업무과정을 시각화하는 데에는 한계가 있습니다. 이러한 한계를 보완하기 위해 앞서 살펴본 Whimsical나 Felo AI를 사용하실 것을 추천하며, 특히 Felo AI를 활용하면 양질의 마인드맵을 만들 수 있어 개인적으로 강력히 추천합니다. 아래와 같이 마인드맵 제작을 통해 업무 분석을 빠르게 진행할 수 있습니다.

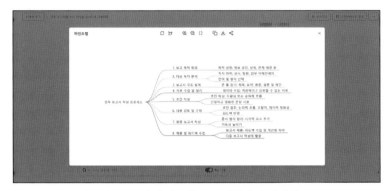

Whimsical 마인드맵으로 업무과정 시각화

업무과정을 잘게 쪼개는 과정을 진행했다면 바로 다음에 해야 할 일은 사람이 해야 할 일과 AI에게 맡길 수 있는 일을 구분하는 것입니다. 생성형 AI가 매우 똑똑해졌다고 할지라도 사람이 해야 할 일은 여전히 남아 있습니다. 그러기에 우리가 해야 할 일과 AI 도구를 활용해 처리해야 할 일을 구분하는 것이 굉장히 중요해졌습니다.

만약 여러분의 업무가 데이터 분석이라 한다면, 데이터들을 특정 분류기준에 따라 정리하는 것은 AI에게 맡길 수 있습니다. 반면, 데이터로부터 인사이트를 도출하는 것은 결국 사람이 해야 할 영역입니다. 물론 데이터 간의 관계 및 상관성 또한 AI로 분석할 수 있지만, 결국 이를 판단하는 것은 사람이 해야 할 일입니다. 이처럼 어떤 부분을 AI에게 외주를 주고, 어떤 부분에 에너지를 쏟을 것인지를 판단해야 합니다.

그다음 Perplexity나 Genspark 등의 AI 검색를 활용해 관련 AI 도구를 찾아 나서면 됩니다. 널리 알려진 AI 도구도 많지만, 유명하지 않은 AI도 정말 많습니다. 가장 좋은 AI 도구는 유명하면서 동시에 내가 원하는 기능을 제공하는 AI 도구겠죠? 여러분이 3D 모델링을 해주는 AI 도구를 찾는다고 가정해 볼까요?

Perplexity로 AI 도구 찾기 사례

AI 도구를 검색할 때의 팁은 Perplexity나 Felo AI로 검색할 때 검색 출처를 유튜브로 설정하거나 레딧 커뮤니티로 설정하고 검색하게 되면 좀 더 양질의 결과가 나온다는 점입니다. 아무래도 AI 도구의 경우 사용자의 의견 또는 후기에 따라 대중성과 성능이 평가되기 때문입니다. 추가적인 팁은 '가장 많이 활용되고, 유명한 AI 도구부터 나열해달라'는 요청을 하면 어떤 AI 도구가 가장 좋고, 많이 이용되는지 쉽게 확인할 수 있습니다. 이러한 방식으로 3D 모델링을 해주는 AI 도구를 찾았더니 위와 같이 Meshy AI와 Luma AI 등 다양한 도구가 나왔네요.

여러분이 사용할 목적에 알맞은 AI 도구를 찾았다면 다음 해야 할 일은 바로 곧바로 AI 사이트에 접근해 테스트를 해보는 것입니다. 일반적으로 AI 서비스는 곧바로 결제를 유도하기보다 제한적으로 서비스를 이용할 수 있도록 하는 프리미엄(Freemium) 전략을 취하고 있습니다. 따라서 간단하게 AI 도구의 성능을 체크할 수 있죠.

3D 모델링 AI 'Meshy AI' 메인화면

3D 모델링 AI 중 하나인 Meshy AI 사이트에 들어가 구글 연동을 통해 가입을 한 뒤 테스트해 볼 수 있으며, 아래와 같이 무료로 제공된 크레딧을 활용해 Meshy AI의 여러 기능을 테스트할 수 있습니다.

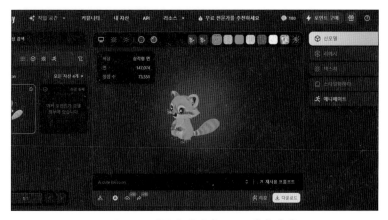
Meshy AI, 너구리 캐릭터 3D 모델링 사례

다음으로는 커뮤니티나 유튜브 사이트에서 관련 AI 도구의 활용 사례를 찾아볼 수 있습니다. 특히 영어권 국가들의 경우 AI 도구들을 빠르게 사용한 유저들이 많습니다. 이러한 유저들은 유튜브나 레딧, X와 같은 플랫폼을 통해 사용 후기를 전달하죠. 우리는 이러한 유저들의 사용 후기 영상 또는 글을 통해 AI 도구 활용 사례를 하나씩 습득해 볼 수 있습니다. 최근에는 메타의 최신 플랫폼인 스레드(Threads)에서도 많은 사용 후기들이 텍스트로 공유되고 있으니 참고하시면 좋을 것 같습니다.

또 추천하고 싶은 사이트는 GPTers 사이트입니다. AI를 활용하는 많은 사람들이 이곳에서 스터디를 하면서 자신들만의 활용 후기를 포스트로 업로드하는데요. 이곳에서는 상세하고 다양한 분야의 활용 사례를 살펴볼 수 있으니 가입 후 정보를 얻어가시면 좋을 것 같습니다.

GPTers 사이트 화면

더 많은 AI 도구들을 한꺼번에 확인해 보는 방법도 있습니다. AI 도구 백과사전이라 할 수 있는 Futurepedia가 있습니다. 이곳에서는 여러 카테고리별로 많은 AI 도구들이 리스트업되어 있습니다. 다만 성능이 많이 떨어지는 AI 도구도 함께 섞여 있어 나에게 맞는 AI 도구를 찾는데 조금 어려움이 있을 수도 있다는 점은 함께 언급해 드립니다. 약간의 팁을 드리자면 AI 도구 아래 저장수가 많을수록 인기있고 성능이 좋은 AI 도구이니 저장수가 많은 AI 도구를 위주로 살펴보실 것을 추천합니다.

Futurepedia 메인화면

이와 같이 AI 도구 선택과 테스트를 마쳤다면, 이제 필요에 따라 유료구독을 할 차례입니다. 무료로 필요한 기능 모두를 활용할 수 있는 AI 도구가 있지만, 주로 유료구독을 통해야만 실질적인 업무 투입이 가능한 AI 도구들이 많습니다. 따라서 위와 같은 과정을 통해 AI 도구를 선택하였다면, 유료구독을 1달 정도 진행해보면서 사용성을 테스트해보시면 좋습니다.

12. 여행일정표와 여행가이드북 제작

AI 도구를 선택하는 방법에 대해 숙지했다면, 이제 본격적으로 관광 실무에서 주로 진행되는 여러 작업들을 AI로 진행해보는 프로젝트를 함께 상세하게 살펴보겠습니다. 첫 번째는 바로 여행일정표와 여행가이드북을 제작하는 프로젝트입니다. 관광 여행 실무에서 빠지지 않는 중요한 프로젝트죠. 특히 관광통역안내 업무를 하시는 관광 종사자라면 여행일정을 계획하는 일은 핵심 중 핵심입니다.

생성형 AI 도구를 활용해 여행일정표를 먼저 만들어 보겠습니다. 가장 먼저 해야 하는 일은 바로 여행객 분석입니다. 여행객의 특성에 따라 여행을 계획하는 방향이 달라집니다. 김치나 비빔밥과 같이 한국 식문화에 관심이 많은 여행객과 한국 아이돌과 굿즈에 관심이 많은 여행객의 여행 컨셉은 달라야만 합니다. 취향과 관심사가 다르기 때문입니다.

관광객을 분석하는 지점에서 우리는 생성형 AI를 활용해 볼 수 있습니다. ChatGPT를 활용해 관광객의 취향과 특성을 바탕으로 구체적인 페르소나를 생성해 여행객이 한국 여행에서 원하는 바가 무엇인지 파악해 볼 수 있습니다. 관광객의 페르소나를 설정하는 방법은 간단합니다. 서울에 여행오는 관광객의 기본 정보를 ChatGPT에게 언급하고 해당 정보들을 바탕으로 구체적인 페르소나를 요청하면 됩니다.

> 한국 서울로 2박 3일 여행을 오는 관광객 특징을 바탕으로 한 명의 구체적인 페르소나를 만들어야 함
>
> #특징
> 1. 케이팝을 좋아함
> 2. 2030 세대임
> 3. 한국에 2번째 방문함
> 4. 5인 정도의 그룹임
> 5. 예산이 많지 않음
> 6. 서울에서만 여행하고자 함

이때, 만약 여러분이 ChatGPT 유료구독 플랜인 플러스 모델 이상을 구동하고 있다면, 가장 논리적인 추론을 잘하는 모델인 o1 모델을 활용해 볼 수 있습니다. 주어진 정보를 통해 좀 더 양질의 고

객 페르소나를 만들어 낼 수 있습니다.

여행객 페르소나 생성

생성형 AI를 활용하면 관광객들의 니즈 파악이 좀 더 수월해질 수 있습니다. 고객인 관광객의 기본 정보를 기반으로 구체적인 가상의 인물을 만들어 해당 인물과 가상 인터뷰를 진행해 볼 수 있기 때문입니다. 이부분은 굉장히 신선한 프롬프트 엔지니어링 기법 중 하나이니 꼭 활용해 보세요.

위에서 출력된 관광객 페르소나 '나오미'를 활용해 설명드리겠습니다. 위에서 나오미라는 관광객을 바탕으로 이제 인터뷰를 시작하겠습니다. 바로 뒤이어 인터뷰를 시작하면 되는데요. 가장 먼저 나오미가 원하는 여행 컨셉에 대해 한 번 물어보겠습니다. '나오미씨가 원하는 서울 2박 3일 여행 컨셉'에 대해 아래와 같이 물어봤습니다.

나오미씨가 원하는 서울 2박 3일 여행 컨셉은 어떻게 되는지 구체적으로 설명해 주세요.

그러면 ChatGPT는 나오미씨가 원하는 여행 컨셉에 대해 구체적인 답을 도출합니다. 다음은 ChatGPT 답변입니다.

1. 케이팝 테마 중심의 일정

1) 아이돌 굿즈 쇼핑 & 테마 카페 방문
 - 좋아하는 아이돌이 모델로 활동하는 카페나, 기획사에서 운영하는 스토어 방문을 꼭 포함합니다.
 - 케이팝 페스티벌이나 소규모 공연이 있는 경우 일정에 맞춰 관람을 시도해볼 수도 있습니다.
 - 굿즈 구매나 포토존이 잘 갖춰진 곳을 찾아 SNS 인증샷 찍기에 최적화된 코스를 선호합니다.

2) 댄스 커버 촬영 & 버스킹 구경
 - 친구들과 함께 댄스 커버 영상을 찍을 수 있는 장소(예: 강남·홍대 거리)나, 버스킹으로 유명한 홍대 거리 등에 들러 즉흥 공연을 즐길 계획입니다.

2. 로컬 맛집 및 길거리 음식 체험
 1) 예산이 많지 않으므로, 유명 프랜차이즈 레스토랑보다는 가성비 좋은 현지 식당, 포장마차, 편의점 간식 등을 공략합니다.
 2) 특히 분식(떡볶이, 튀김, 순대), 김밥, 편의점 PB상품 등을 통해 한국의 소소한 먹거리를 체험하는 것이

목표입니다.
 3) 유명 카페보다 가성비와 분위기가 좋은 카페를 찾아 데이트 코스처럼 꾸미고, 친구들과 사진 찍는 재미를 만끽합니다.

3. 서울 핵심 스팟 + 트렌디한 지역 탐방

1) 두 번째 방문이지만 아직 못 가본 핫스팟(예: 강남, 이태원, 홍대, 성수) 위주로 짧게 둘러볼 계획입니다.
2) 한강공원에서 여유를 즐기며 테이크아웃 음식으로 피크닉을 즐기거나, 새로운 SNS 인기 스팟에 들러서 사진 촬영을 하려고 합니다.
3) 전통적인 관광지(경복궁, 명동 등)에는 이미 가봤다면, 이번에는 조금 더 로컬스러운 골목 상권이나 신진 문화 공간을 찾는 데 집중합니다.

4. 숙소 & 교통

1) 게스트하우스나 호스텔처럼 5인이 묵기 편하고, 가성비 좋은 숙소를 찾습니다.
2) 지하철로 교통이 편리한 곳을 선택해, 한정된 2박 3일 동안 서울 시내 이동 시간을 최대한 줄이는 전략을 씁니다.
3) 대중교통(지하철, 버스) + 도보를 활용해 비용을 절감하고, 서울의 풍경과 분위기를 직접 체험할 계획입니다.

5. 짧은 일정 내 효율 극대화

1) 2박 3일이라는 짧은 일정이므로, 미리 동선별로 코스를 짜고 하루에 최대 2~3개의 주요 스팟을 집중해서 방문하려 합니다.
2) 온라인 블로그와 SNS를 통해 맛집, 카페, 굿즈 샵의 위치와 운영 시간을 사전에 조사해두어 시간 낭비를 최소화합니다.
3) 첫째 날은 도착 후 근처 맛집과 숙소 인근 지역을 가볍게 둘러보고, 둘째 날부터 본격적인 K-POP 테마 일정을 잡아볼 계획입니다.

정리하자면 케이팝을 만끽하면서도 가성비 좋은 로컬 식당과 숙소를 활용해 예산을 최소화하고,
짧은 일정 동안 SNS 인증샷, 굿즈 구매, 로컬 문화 체험 등을 모두 해내려는 서울 여행 컨셉입니다.

이와 같이 관광객의 취향과 특성을 기반으로 한 페르소나 도출과 이에 따른 여행 컨셉을 도출하는 것만으로도 수준 높은 맞춤형 여행일정표를 완성시킬 수 있는 기반을 마련할 수 있습니다. 여행 컨셉과 더불어 최신 여행 트렌드 등에 대한 내용을 추가하여 색다른 여행 컨셉을 가미해 볼 수 있습니다.

위와 같은 방식으로 여행 컨셉이 구체화되면, 방문할 여행목적지를 비롯한 숙박과 이동수단 등을 찾는 단계로 넘어갈 수 있습니다. 이때는 여행지의 정보, 숙박과 같이 정확한 정보가 필요합니다. 따라서 상대적으로 정확한 정보를 제공하는 Perplexity와 같은 AI 검색 도구를 활용할 수 있습니다. 위에서 출력된 여행컨셉 내용을

복사한 뒤 프롬프트 끝에 Perplexity에 명령어를 추가한 뒤 답변을 아래와 같이 요청할 수 있습니다.

> 1. 위의 내용에 알맞게 2박 3일 동안 서울에 방문할 수 있는 방문지를 찾아주고
> 2. 추천 숙소와 이동수단을 구체적으로 리스트업해주세요.

위와 같은 요청에 따른 답변은 다음과 같습니다. 답변의 경우 신뢰도 높은 인터넷, 유튜브 등 다양한 출처들을 기반으로 하였습니다.

> 서울에서의 2박 3일 케이팝 테마 여행을 위한 추천 일정과 숙소, 이동수단을 소개해드리겠습니다.
>
> ## 추천 방문지
>
> ### 1일차
>
> - 도착 후 숙소 체크인
> - 홍대 거리 탐방
>   - 롤스 플래그십 스토어 (아이돌 굿즈샵)[20]
>   - 홍대 버스킹 존 구경[1]
> - 연남동 데이트 추천 카페 '그리즈' 방문[15]

2일차 (K-POP 테마 일정)
- SM타운 코엑스아티움 방문[1][8]
- SM 소속 아티스트 관련 전시 관람
  - 기념품 구매
- 강남 K스타로드 탐방[1][8]
  - 아이돌 상징 아트 토이 포토존
- 압구정 로데오 거리
  - 아이돌 관련 카페 및 연예기획사 건물 구경
- 한강공원 피크닉
  - 편의점 음식으로 간단한 저녁 식사

3일차

- 동대문디자인플라자(DDP) 방문[1]
  - 주변 쇼핑몰에서 패션 아이템 구경
- 종로 수송 게스트하우스 주변 탐방[9]
  - 광화문, 청계천 등 도심 관광
- 명동 거리
  - 길거리 음식 체험
  - K-POP 관련 상품 구매

추천 숙소

홍대 코코아 게스트하우스[9]
- 위치: 서울 마포구 홍대 인근
- 장점:
  - 홍대 핫플레이스와 가까워 접근성 좋음
  - 5인 도미토리룸 이용 가능
  - 가성비가 좋고 청결도가 높음

- 지하철역과 가까워 이동이 편리

이동수단

1. 지하철
    - T-money 카드 구매 및 충전[40]
    - 주요 관광지를 연결하는 노선 이용 (2호선: 홍대입구, 강남; 3호선: 압구정로데오; 4호선: 명동)
2. 버스
    - 간선버스와 지선버스를 활용해 세부 이동
    - T-money 카드로 환승 할인 혜택
3. 도보
    - 홍대, 명동 등 주요 상권은 걸어서 탐방
    - 골목 구경하며 로컬 분위기 체험

주의사항

- 방문 전 각 장소의 운영 시간과 특별 이벤트 여부를 확인하세요.
- 주말이나 공휴일에는 인기 장소가 혼잡할 수 있으니 일정 조정을 고려하세요.
- 대중교통 이용 시 러시아워를 피해 이동하면 더욱 편리합니다.
- 굿즈 구매나 카페 방문 시 예산을 고려해 계획을 세우세요.
이 일정은 케이팝 팬들의 관심사를 중심으로 구성되었으며, 서울의 주요 관광지와 현지 문화를 체험할 수 있는 기회도 포함하고 있습니다. 개인의 취향에 따라 일정을 조정하시면 더욱 즐거운 여행이 될 것입니다 물론 출처를 참고했다고는 하지만, Perplexity의 답변 결과 역시 정확도를 검증해야 합니다. 그럼에도 간단하게 맥락을 기반으로 꽤 정확한 여행일정 관련 핵심정보들이 출력된 부분을 확인할 수 있습니다.

자, 여기까지가 끝났다면 마지막으로는 찾은 여행정보에 적합한 액티비티 등 체험 정보에 대한 정보를 찾을 차례입니다. Perplexity의 자료를 기반으로 진행할 수 있는 액티비티를 추천해 달라고 요청합니다. 이때 팁이라고 한다면 날씨와 같은 외부변수까지 고려하여 액티비티를 추천받는 것이 좋습니다. 실내와 실외 각각에서 할 수 있는 액티비티를 추천받는다면, 비가 오거나 하여 일정이 변경되는 것에 대한 대비를 할 수 있습니다.

Perplexity로 액티비티 추천받기

자, 이제 모든 준비가 완료되었습니다. 이제 지금까지 찾은 모든 정보들을 종합해 구체적인 여행 일정표를 완성할 차례입니다. 대화했던 창 그대로에서 1시간 단위로 식음료, 액티비티 등의 정보를 모두 포함해 맞춤형 2박 3일 서울 여행일정표를 작성해 달라고 요청해 보겠습니다.

> 위에서 찾은 정보들을 정보해 식음료, 숙소, 액티비티 등의 구체적인 정보를 포함해 1시간 단위의 구체적인 여행일정표를 표 형식으로 정리해 주세요.

위 요청에 따른 여행일정표 결과는 다음과 같습니다. 1시간 단위로 구체적인 여행일정표가 순식간에 완성되었습니다.

위의 여행일정표의 경우 관광객의 취향이 반영된 맞춤형 여행일정표라는 사실을 확인할 수 있습니다. 여행일정표가 완성되었으니 이를 기반으로 한 여행 가이드북도 같이 함께 만들어 볼까요? 참고로 여행 가이드북의 경우 PPT 형식을 활용해 만들어 보도록 하겠습니다.

Perplexity로 완성한 맞춤형 여행일정표

위 페르소나 정보와 위에서 언급한 모든 여행 관련 정보 그리고 여행일정표를 바탕으로 여행 가이드북을 만들고 자 합니다. PPT 슬라이드 구성을 참고하여 여행가이드 북 개요를 완성시켜주세요.

위와 같은 요청에 다음과 같이 PPT 개요를 받아 볼 수 있습니다.

서울 K-POP 팬 여행 가이드북

1. 소개
- 제목: "나오미의 서울 K-POP 팬 여행기"
- 부제: "2박 3일 동안 즐기는 케이팝 천국, 서울!"

2. 여행 개요
- 여행자: 나오미 (25세, 일본 도쿄 거주 대학원생)
- 기간: 2박 3일
- 동행: 대학 동아리 친구 4명 (총 5명)
- 주요 목적: K-POP 체험, 아이돌 굿즈 쇼핑, 로컬 맛 집 탐방

3. 일정 요약

1일차: 홍대 & 연남동
- 홍대 코코아 게스트하우스 체크인
- 홍대 거리 탐방 (롤스 플래그십 스토어, 버스킹 구경)
- 연남동 카페 '그리즈' 방문

2일차: 강남 & 한강
- SM타운 코엑스아티움 방문
- 강남 K스타로드 탐방
- 압구정 로데오 거리 구경
- 한강공원 피크닉
- K-Pop 댄스 클래스 체험

3일차: 동대문 & 명동
- 동대문디자인플라자(DDP) 방문
- 광장시장 길거리 음식 체험
- 인사동 케이팝 스토어 방문
- 명동 거리 쇼핑

4. 주요 방문지 상세 정보
- SM타운 코엑스아티움
- 강남 K스타로드
- 홍대 거리
- 동대문디자인플라자(DDP)

5. 추천 맛집 & 카페
- 홍대 '고우가' (바베큐, 아시아 요리)
- 코엑스 '플레이버즈' 레스토랑

- 광장시장 길거리 음식
- 연남동 '그리즈' 카페

6. K-POP 관련 액티비티
- 홍대 버스킹 구경
- SM타운 코엑스아티움 전시 관람
- K-Pop 댄스 클래스 체험
- 아이돌 굿즈 쇼핑 (롯스 플래그십 스토어, 인사동 케이
팝 스토어)

7. 교통 & 이동 팁
- T-money 카드 사용법
- 주요 지하철 노선 안내
- 버스 이용 팁

8. 예산 절약 팁
- 가성비 좋은 숙소 선택 (홍대 코코아 게스트하우스)
- 길거리 음식 & 편의점 활용
- 무료 관광지 & 액티비티 추천

9. SNS 인증샷 명소
- K스타로드 아트 토이 포토존
- 한강공원
- DDP
- 홍대 거리

위 내용을 받아 이제 PPT를 만드는 AI 사이트로 이동하려고 합
니다. 앞서 PPT AI로는 어떤 AI 도구가 있다고 말씀드렸죠? 그렇

습니다. 바로 Gamma와 Felo AI가 있다고 말씀드렸습니다. 먼저 Gamma부터 살펴보도록 하겠습니다.

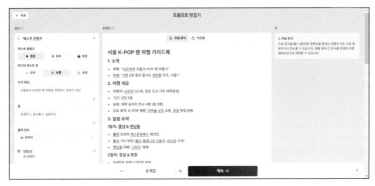

Gamma에 Perplexity 답변 내용 넣기

Gamma를 통해 완성된 여행일정 가이드

위와 같은 방식으로 단숨에 여행 가이북을 만들 수 있습니다.이 번에는 Felo AI를 활용해 여행 가이드북을 만들어 보겠습니다.

Felo AI에 Perplexity 답변 내용 넣기

Felo AI로도 단숨에 여행가이드북을 아래와 같이 완성시킬 수 있습니다. 이와 같은 방식으로 여행일정표와 여행 가이드북을 만든다면 어떨까요? 일반적인 여행일정과 다르게 고객인 관광객의 만족도를 최상으로 끌어올릴 수 있지 않을까요?

Felo AI로 완성된 여행일정 가이드

199

13. 여행 블로그, 인스타그램, 유튜브 콘텐츠 제작

생성형 AI를 활용하면 여행 블로그와 SNS 콘텐츠를 빠르고 효율적으로 제작하는 데 큰 도움이 됩니다. 텍스트 생성 기술을 통해 글을 작성하고, 이어서 이미지나 영상도 손쉽게 만들어낼 수 있습니다. 그중에서도 블로그는 가장 기본적인 플랫폼으로 꼽힙니다. 여행정보를 보다 체계적으로 정리하기 쉽고, 다른 채널과 연계하기에도 유리하기 때문입니다. 먼저 정보전달형 블로그와 체험·후기형 블로그를 중심으로, 각 유형에 알맞은 문체와 구조 설정 방법부터 인스타그램, 유튜브 콘텐츠 제작까지 단계별로 살펴보겠습니다.

블로그

먼저 블로그를 효율적으로 작성하려면 가장 중요한 것은 전체 형식과 구조를 결정하는 일입니다. 크게는 정보를 전달하는 정보전달형 블로그와, 개인 경험을 강조하는 체험·후기형 블로그로 나눌 수 있습니다. 정보전달형 블로그에서는 신뢰를 주는 격식체를 사용해 논리적으로 전개하는 것이 좋습니다. 반면 후기·체험형 블로그는 개인적인 느낌과 감정을 풍부하게 담아내야 하므로, 친근하고 생동감 있는 어조를 선택합니다. 이러한 구분을 통해 독자에게 무엇을 전하고자 하는지 명확히 설정하고, 그에 맞는 서술방식을 구성하는 것이 핵심입니다. AI를 활용해 이 과정을 자동화하면, 다양한 블로그 스타일을 빠르게 시도할 수 있습니다.

정보전달형 블로그는 대체로 '서론-본론-결론' 구조를 택하는데, 먼저 주제를 제시하고 관련 내용을 단계적으로 전개한 뒤 요약하는 방식입니다. 예를 들어 여행지의 위치, 교통, 특징, 맛집 정보 등을 항목별로 정리하면 독자들이 원하는 정보를 손쉽게 파악할 수 있죠. 이때 생성형 AI 검색 도구인 Perplexity나 Felo AI, Genspark 등을 이용하면 필요한 자료를 빠르게 수집할 수 있습니다. 이미 유튜브 영상을 만들어두었다면, 릴리스 AI로 요약한 뒤 블로그 콘텐츠로 변환하는 방법도 권장합니다. 또한 다른 이용자들의 후기나 사진자료를 종합해 한눈에 알아볼 수 있게 정리하면 정보의 신뢰도

를 높일 수 있습니다. 이는 독자들에게 필요한 핵심 정보를 확실히
전달하기에 알맞은 전략입니다.

Lilys AI로 블로그글 변환 사례

　반면 체험·후기형 블로그를 작성할 때는 작성자의 실제 경험이
핵심이므로, 좀 더 스토리텔링에 집중해야 합니다. 시간순으로 여
행 과정을 풀어내거나, 인상 깊었던 순간을 강조하는 식으로 전개
하면 읽는 재미를 높일 수 있습니다. 이때 유용한 방법 중 하나가
'프롬프트 엔지니어링'입니다. ChatGPT 같은 생성형 AI에게 인터
뷰 형식의 질문을 하도록 요청해, 아래와 같이 블로그 작성에 필요
한 내용을 단계별로 끌어낼 수 있죠. 예컨대 여행 경비, 추천 코스,
에피소드 등을 AI가 하나씩 물어봐주면, 자연스럽게 기억을 되살
리며 글감을 확보하게 됩니다.

> 여행 블로그를 작성하고 있는데, 앞으로 블로그 작성에
> 필요한 질문을 한 번에 하나씩 나에게 질문해 주세요.

또한 여행지에서 촬영한 사진을 AI에게 설명해달라고 요청해, 시각적 특성을 텍스트로 풀어낼 수도 있어 색다른 글 구성을 시도할 수 있습니다. 여행 중 촬영한 사진을 분실하거나 추가 자료가 필요할 때는 구글의 ImageFX를 활용해볼 만합니다. ImageFX는 사실적인 이미지를 생성해줄 수 있어서, 여행지의 분위기를 보완하거나 음식 사진을 대신해 사용할 수 있습니다.

ImageFX를 활용해 김치 이미지 생성 사례

물론 AI로 생성된 이미지를 활용할 때는, 'AI 제작'임을 표기해주는 것이 저작권 면에서 안전합니다. 생성형 AI는 저작권 문제가 상대적으로 적다고 하지만, 명확한 출처와 고지는 필수적이죠. 이를 통해 독자에게도 투명한 콘텐츠 제작 과정을 보여줄 수 있습니다.

나아가 실제 이미지와 AI 이미지를 조합해 독특한 표현 방식을 시도할 수도 있습니다.

인스타그램

다음으로 인스타그램 콘텐츠 제작 방식을 살펴보겠습니다. 인스타그램은 크게 세 가지 유형으로 나눌 수 있는데, 첫 번째는 단순히 이미지 한 장과 설명글(캡션)로 구성하는 방식입니다. 이때는 블로그 내용을 간단히 요약해 반영하고, 해시태그나 위치 정보를 활용해 검색 효율을 높입니다.

가장 간단한 방식으로 앞서 살펴본 챗봇을 활용할 수 있습니다. ChatGPT의 Custom GPTs에서 '인스타그램 작성'과 관련한 챗봇을 검색합니다. 챗봇이 세팅되면 앞서 작성된 블로그 내용을 붙여넣은 뒤 해당 블로그 내용을 인스타그램 형식으로 변환해달라고 요청하면 됩니다.

Instagram Expert 챗봇

만약 블로그 초안이 완성된 창에서 '@'를 눌러 인스타그램 챗봇을 부른 뒤 인스타그램 작성을 요청할 수도 있습니다. 이때 선행되어야 할 작업이 있습니다. 바로 챗봇이 왼쪽 화면표시창에 활성화가 되어 있어야 한다는 것입니다. 이 방식을 활용하면 블로그 형식에서 곧바로 인스타그램 캡션 형식으로 글을 빠르게 변환할 수 있습니다.

@를 통해 인스타그램 챗봇을 불러올 수 있습니다.

두 번째 유형은 카드뉴스로, 정보전달형 콘텐츠를 직관적으로 보여주는 데 유리합니다. 여러 장의 슬라이드에 제목, 요약된 정보, 관련 이미지를 배치해 메시지를 단계적으로 전달할 수 있습니다. 여행정보나 팁을 효과적으로 알려줄 수 있으니, 독자들의 호응을 기대해볼 만합니다.

특히 카드뉴스를 만들 때 Canva 등의 툴을 활용하면 시각적인 요소를 쉽게 다룰 수 있습니다. 블로그 글을 분할해 핵심 내용을 카드 하나하나에 배치하고, AI 도구인 Genspark나 ImageFX로 생성한 이미지를 활용해 매력적인 디자인을 완성할 수 있죠. Canva의 유료 기능인 Bulk Create를 이용하면 같은 템플릿에 여러 텍스트와 이미지를 자동으로 적용해, 대량의 카드뉴스를 빠르게 제작할 수도 있습니다. 시각적인 콘텐츠를 반복적으로 제작할 때 매우 유용하므로, 마케팅이나 정보성 콘텐츠에 적극 활용해 보시길 권장합니다. 효율과 일관성을 동시에 챙길 수 있는 방법이기 때문입니다.

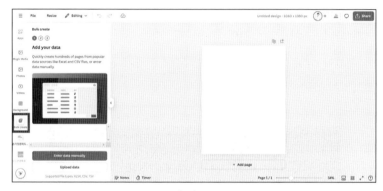

Canva의 Bulk Create

유튜브

인스타그램에서는 카드뉴스 외에도 짧은 영상 콘텐츠인 릴스를 제작할 수 있습니다. 릴스는 유튜브 쇼츠와 비슷한 형식의 세로형 영상 콘텐츠이기에 제작방식이 동일합니다. 따라서 유튜브 제작방식과 인스타그램 릴스 제작방식은 같으므로 유튜브로 통합해 설명해 드리고자 합니다. 또한, 영상의 길이에 따라 '롱폼'과 '숏폼'으로 나눌 수 있지만, AI로 제작하는 방식은 두 방식 모두 같아 추천하는 제작방식을 중심으로 설명하겠습니다.

영상 콘텐츠를 AI로 만들기 위해서는 먼저 참고 이미지를 만드는 것이 중요합니다. 물론 텍스트 프롬프트를 활용해 영상을 곧바로 만들 수 있습니다. 그러나 단순 텍스트로는 생각보다 사용자가 원하는 영상을 출력하기 어렵습니다. 원하는 방향으로 영상을 출력하기 위해서는 적어도 내가 원하는 스타일과 요소 등이 담겨 있는 이미지 하나를 준비하는 것이 좋습니다. 저는 설명을 위해 다음과 같이 캐릭터 이미지를 Genspark의 이미지 생성 에이전트를 통해 만들었습니다.

Genspark로 생성한 너구리 이미지

너구리 이미지를 이제 Sora AI에 이미지 파일로 첨부할 수 있습니다. 참고로 Sora AI는 여러분의 ChatGPT 유료플랜을 사용한다면 사용할 수 있습니다. 이미지를 첨부했다면 너구리가 어떻게 움직이는 영상인지 등에 관해 프롬프트에 설명합니다. 저는 다음과 같이 프롬프트를 입력해 보겠습니다.

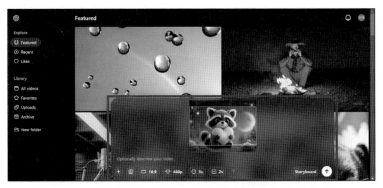

Sora에 너구리 이미지 첨부

'Smiling Raccoon coming closer and going back to the moon flying'

사실 단순한 프롬프트만으로는 원하는 영상을 상세하게 제어하기 어렵습니다.

Sora로 완성된 영상 결과물

따라서 저는 Sora가 제공하는 Storyboard를 통해 초마다 원하는 장면을 상세하게 프롬프트로 입력해 영상을 출력하는 방법을 추천드립니다. 실제로 저는 이러한 방식을 통해 만족할 만한 영상 결과물을 뽑아내고 있습니다.

Sora의 스토리보드 기능 활용

위와 같이 AI로 영상을 만들고, 이를 앞서 언급한 Canva, Capcut, Vrew 같은 영상 편집 도구를 활용할 수 있습니다.

Capcut로 영상 편집

  정리하면, 생성형 AI를 활용해 여행 블로그, 인스타그램, 유튜브 콘텐츠를 제작할 수 있는 능력은 앞으로 더욱 중요해질 것입니다. 그동안 블로그, 인스타그램, 유튜브 콘텐츠를 따로따로 만들었다면, AI를 활용한 형식 전환을 통해 글을 이미지로, 이미지를 영상으로 만드는 연습이 필요합니다. 물론 아직 AI가 사용자의 의도와 생각을 그대로 반영하기 어렵다는 한계가 분명 존재합니다. 그렇지만 AI와 소통하는 방식인 프롬프트 엔지니어링 기법과 콘텐츠를 생성하는 경험 축적을 통해 더욱 높은 품질의 결과물을 만들 수 있습니다. 이제 직접 시도해보면서, 자신만의 콘텐츠 제작 노하우를 AI와 함께 만들어 보시길 추천드립니다.

14. 실전 AI 번역과 통역

관광종사자로서 가장 핵심적인 역량을 꼽으라면 외국어 능력이
아닐까 생각합니다. 영어, 중국어, 일본어와 같은 외국어로 의사소
통할 수 있는 외국어 능력이 있다면 여행이 편리해지기 마련입니
다. 우리나라로 여행 오는 인바운드 관광객들은 영어권뿐만 아니라
아랍권 등 다양한 언어를 사용합니다. 만약 아랍어를 모르는데, 아
랍어를 사용하는 관광객을 상대해야 한다면 어떻게 해야 할까요?
과거에는 아랍어를 잘하는 가이드를 찾아야 했다면, 이제 우리는
AI를 활용할 수 있습니다.

원활한 소통을 위해서 이제 우리는 필수적으로 생성형 AI를 활용
해 통번역을 할 수 있는 능력을 갖춰야 합니다. 그렇다면 번역과 통
역 분야 각각에서 활용할 수 있는 생성형 AI 도구를 하나씩 살펴보

고 구체적인 활용방법에 대해 말씀드리겠습니다. 먼저 번역 AI 도구에 대해 설명하겠습니다. 사실 생성형 AI 이전에도 구글 번역이나 네이버의 파파고와 같은 뛰어난 번역기가 있었는데요. 생성형 AI가 들어옴으로써 번역 성능이 이전과는 완전히 달라졌습니다. 핵심적인 이유로는 생성형 AI는 맥락을 이해한다는 점을 꼽을 수 있겠습니다.

단순하게 사전적 의미를 기반으로 한 번역이 아닌 전체적인 맥락을 반영해 번역한다는 것은 굉장히 중요한 지점입니다. 예를 들면 여러분이 의학 분야의 논문을 번역한다고 하면, 의학 관련 지식이 없다면, 의학 지식 맥락을 고려한 번역이 이뤄지기는 거의 불가능에 가깝습니다. 그렇기에 번역 기술과 의학에 대한 이해가 뒷받침되어야만 양질의 번역이 될 수 있습니다. 따라서 번역을 할 때도 전문 분야에 대한 지식을 갖춘 전문가들이 번역을 해왔죠.

그러나 이제 생성형 AI 도구로 특정 분야 전문가들이 번역을 하는 수준의 번역이 단 한 번의 클릭으로 가능해졌습니다. 먼저 번역을 위한 생성형 AI 도구들에 대해 하나씩 살펴보겠습니다. 가장 먼저 앞서 살펴본 파운데이션 언어 모델인 ChatGPT, Claude, Grok, Llama, Deepseek와 같은 모델들을 사용할 수 있습니다. 번역하는 방법은 간단합니다. 번역하고자 하는 텍스트를 프롬프트 창에 복사 및 붙여넣기를 하여 넣고, 해당 내용을 원하는 언어로 번역해달라고 요청하기만 하면 됩니다. 간단하죠?

ChatGPT에게 번역 요청하는 프롬프트 예시

하지만 여기서 조금 더 양질의 번역 결과물을 받아보고 싶다면, 약간의 프롬프트 엔지니어링 기술을 적용한다면 좋습니다. 가장 먼저 번역의 맥락에 관한 내용을 추가하면 좋습니다. 어떠한 목적으로 텍스트가 번역되고 있는지, 번역을 참고할 독자는 누구인지에 대한 정보를 언급하는 방법입니다. 이렇게 맥락을 입력하는 것만으로도 번역의 품질을 높일 수 있습니다.

#번역 목적: AI 트렌드를 주제로 한 강연 때 활용할 발표자료
#대상 독자: AI 최신 트렌드에 관심이 많은 3040 실무자

다음 방법은 Zero-shot과 One-shot 혹은 Few-shot을 활용하는 방법입니다. 여기서 'shot'은 예시 또는 사례를 의미하는데요. 예시 없이 AI에게 요청하는 방식을 Zero-shot이라 하고, 한 개 또는 두 개 이상의 예시를 언급하는 프롬프팅 방식을 One-shot 혹은

213

Few-shot이라 합니다. 먼저 Zero-shot는 직접적인 가이드라인을 주는 방식으로 번역 품질을 높이는 방식이라 할 수 있습니다. 생성형 AI를 활용해 번역을 하다 보면 한국어의 경우 번역투가 자주 포함되어 부자연스러운 문체를 형성하는 경우가 많은데요.

자주 범하는 번역투에 대한 설명과 함께 해당 번역투를 피해달라고 구체적으로 요청하는 방법이 바로 Zero-shot 방법이라 할 수 있습니다. 예를 들면 ChatGPT로 번역을 하게 되면, '이러한', '결과적으로', '그는' 등의 번역투 표현이 자주 등장하는데요. 이를 방지하기 위해서 다음과 같이 프롬프트를 사용할 수 있습니다. 사실 이정도만 해줘도 번역의 퀄리티가 많이 올라가기 마련입니다.

#번역시 유의사항
- 자연스러운 한국어를 구사하여야 함
- 영어 번역투 표현은 사용하지 말아야 함
- 대명사 표현은 사용하지 말아야 함

One-shot 또는 Few-shot 방법은 구체적인 사례를 활용하는 방법인데요. 구체적인 번역 사례를 넣어 참고하도록 할 수 있습니다. 일반적으로는 Zero-shot 기법과 One-shot 또는 Few-shot 방식을 혼용하는 경우가 많은데요. 앞서 단순하게 번역투 표현을 사용하지 말라고 요청하는 방식에서 예시를 추가하여 아래와 같이 프롬프트를 만들 수 있습니다. 단순하게 대명사 표현을 사용하지 말아야 한다고 이야기하기보다 '그', '그녀' '그들'과 같은 사례를 입력하는 것이죠.

> #번역시 유의사항
>
> - 자연스러운 한국어를 구사하여야 함
> - '이러한', '결과적으로'와 같은 번역투 표현은 사용하지 말아야 함
> - '그', '그녀', '그들'와 같은 대명사 표현은 사용하지 말아야 함

만약 전문 용어가 많고, 분야에서 자주 쓰는 표현이 있다면, 이들 용어들을 별도로 정리해 용어집 형태로 만들어 PDF 파일로 첨부하거나 별도로 프롬프트창에 언급할 수도 있습니다. 예를 들면, Generative AI를 한국어로 번역할 때에는 생성형 AI로 번역하도록 직접적으로 언급할 수 있죠. 자주 쓰거나 꼭 특정 단어로 번역하기를 원한다면 별도로 용어집을 만들어 AI 모델에게 학습을 시켜주는 것도 좋은 방법입니다. 참고로 뛰어난 AI 번역 도구로 평가되고 있는 DeepL의 경우 별도로 '용어집'이라는 기능을 포함해 사용자가 용어를 참고해 양질의 번역을 할 수 있도록 하고 있습니다.

DeepL의 용어집

여기에 간단하지만 강력한 기술 중 하나를 적용할 수 있습니다. 바로 '번역가'라는 역할 부여를 통해 AI 도구에게 번역을 요청하는 것이죠. 단순하게 번역가라고 역할 부여를 하기보다 번역 전문 분야를 언급하고, 20년 차와 같은 경력도 함께 언급한다면 좀 더 나은 번역을 기대해 볼 수 있습니다. 이렇게 역할 부여까지 마쳤다면, 빠르게 번역을 진행한 뒤 나온 번역 중간결과물을 확인하고 중간중간 피드백을 진행한다면 높은 품질의 번역을 할 수 있습니다.

지금까지 파운데이션 모델을 기반으로 한 프롬프트 엔지니어링 기법들을 함께 알아봤는데요. 이러한 모델들을 종합해 최적의 번역 결과물을 도출하는 생성형 AI 도구까지 출시되었습니다. 바로 앞서 여러 번 언급된 Genspark인데요. Genspark의 기능 중 하나인 '번역' 기능에는 여러 AI 모델이 혼합되어 있습니다.

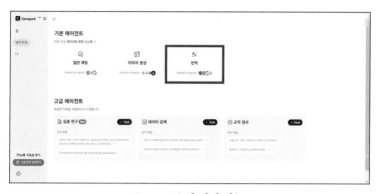

Genspark의 번역 기능

위와 같이 번역 도구로 들어가면 아래와 같이 다양한 번역 AI 도구들이 포함되어 있는데요. 이러한 도구들의 모음을 활용한 'Mixture-of-Agents'으로 설정해 번역을 진행한다면, 텍스트를 동시에 여러 모델로 번역할 수 있습니다. 그다음 여러 모델이 번역한 결과물을 서로 비교하고 심층분석해 최적의 번역 결과를 도출하는 Reflection 기능, 즉 최적화 과정을 거칩니다. 이를 통해 프롬프트 엔지니어링 등의 별도의 작업 없이 최상의 번역 결과물을 도출할 수 있으니 꼭 활용해 보시길 바랍니다.

아래와 같이 Genspark는 Reflection이라는 최적화 과정을 통해 여러 개의 모델의 번역 결과물로부터 최적의 결과값을 도출해 최적의 번역을 도출하는 특징이 있습니다. 이때 활용하는 모델은 구글 번역과 가장 좋은 AI 번역 도구로 평가받고 있는 DeepL 그리고 ChatGPT와 클로드 모델입니다.

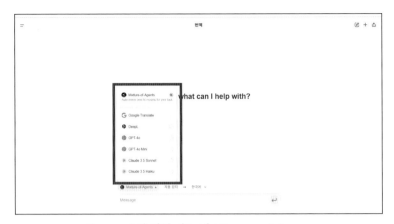

Genspark의 번역 기능 내 Mixture-of-Agents

여기까지 텍스트를 기반으로 한 번역 AI 도구에 대해 알아봤습니다. 그런데 만약 여러분들이 PDF 파일로 된 문서 자체를 번역을 하고 싶다면 어떻게 할 수 있을까요? 그때에는 2개의 도구를 추천합니다. 가장 먼저 무료로 많은 페이지로 구성된 문서를 번역할 수 있는 구글 번역기입니다. 구글 번역의 경우 약 300페이지 이하, 파일 크기 10MB 이내의 문서라면 PDF, DOCX, PPTX 파일과 같은 문서를 번역할 수 있습니다.

Genspark의 Reflection 기능

Google 번역

그러나 사실 구글 번역기보다 추천드리는 AI 도구는 바로 DeepL입니다. DeepL의 경우 무료 플랜을 기준으로 PDF 파일 크기 5MB, 10만 자의 문서를 번역할 수 있습니다. 번역을 해보시면 아시겠지만, 어색한 표현이 구글 번역보다 현저하게 적고, 자연스럽게 맥락을 파악해 번역이 이뤄지므로 활용성이 높다고 할 수 있습니다. 매월 3개까지의 문서를 무료로 번역해 볼 수 있으니 논문 등을 번역할 때 사용해 보실 것을 추천합니다.

DeepL 문서번역

이제 통역을 위한 생성형 AI 도구에 대해 알아보도록 하겠습니다. 가장 추천하는 기능은 바로 ChatGPT에서 제공하는 고급 음성 기능(Advanced Voice Mode) 기능입니다. 고급 음성 기능은 실시간으로 AI와 대화를 할 수 있는 기능인데요. 해당 기능을 켠 뒤 다음과 같이 말하게 되면 간단하게 동시통역기로 기능을 할 수 있습니다.

> 앞으로 내가 한국어로 이야기하면 너는 영어 통역사가 되어 내가 한 이야기를 영어로 곧바로 통역해줘. 반대로 영어가 들리면 한국어로 나에게 차근차근 통역해야 해

물론 파파고 앱을 통해 통역할 수도 있지만, 자연스러운 동시통역으로는 ChatGPT의 고급음성기능을 통한 통역이 조금 더 좋은 것 같다는 의견이 많습니다. 그러나 ChatGPT의 고급음성기능의 치명적인 단점으로는 외부 소리에 민감하게 반응한다는 점을 들 수 있습니다. 이러한 문제점으로 인해 시끄러운 외부 장소에서는 제대로 동시통역이 이뤄지기는 어렵습니다. 따라서 이러한 상황 속에서는 파파고와 같은 통역기를 사용하는 것이 좋습니다.

AI 통역기가 많은 발전을 이뤘다고 해도, 말소리가 겹치거나 발음이 뭉개지는 등의 이유로 인해 제대로 된 통역을 하지 못하는 경우가 아직도 많이 발생하고 있습니다. 정확도 높은 통역을 위해서 가장 현실적인 방법 중 하나는 앞서 살펴봤던 네이버 클로바노트를

통한 음성 녹음을 진행하는 방법을 추천합니다. 네이버 클로바노트를 통해 음성 데이터를 텍스트로 변환했다면, 음성 데이터의 맥락을 ChatGPT의 o1 모델을 활용해 파악해 올바르게 텍스트를 다듬습니다. 그 뒤 앞서 살펴본 Genspark와 같은 AI 번역 도구를 활용해 번역하게 되면 양질의 통역 결과물이 나올 수 있으니 만약 정확성 높은 통역 결과물이 필요하다면 이와 같은 방법을 활용하면 좋을 것 같습니다.

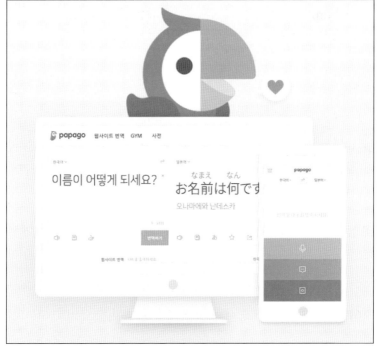

네이버의 파파고

15. AI 시대, 지식 수용 알고리즘

AI 시대에는 방대한 데이터가 실시간으로 생산되고, 누구나 쉽고 빠르게 데이터 분석을 통해 인사이트를 추출할 수 있습니다. 과거에는 데이터 과학자들이 복잡한 알고리즘으로 자료를 가공해 의미를 찾았다면, 이제는 생성형 AI를 활용해 이런 과정을 단축할 수 있습니다. 빅데이터가 정보가 되고, 더 나아가 지식으로 전환되는 과정이 훨씬 간소화되었습니다. 이러한 변화는 단순히 기술의 발전을 넘어, 정보를 받아들이고 활용하는 우리의 태도에도 큰 영향을 미칩니다. 이 글에서는 '지식 수용 알고리즘'을 통해 AI 시대에 정보를 효과적으로 습득하고 가치 있게 사용하는 방법을 살펴보겠습니다.

우리가 접하는 정보는 때로는 의미 없는 숫자나 텍스트의 나열처럼 보입니다. 하지만 ChatGPT와 같은 생성형 AI는 이런 무의미해 보이는 데이터를 재해석해, 유의미한 통찰을 끌어내는 데 도움을 줍니다. 예를 들어, 카페 사장이 강수량과 커피 판매량의 상관관계를 찾고자 할 때, 과거에는 복잡한 통계 도구와 프로그래밍 지식이 필요했습니다. 그러나 이제는 기상청 자료와 매출 로그데이터를 AI에 입력하고 몇 번의 대화만으로 분석 결과를 손쉽게 얻을 수 있습니다. 이는 '데이터→정보→지식→지혜'로 이어지는 4단계가 더욱 가속화되는 현상이라 할 수 있습니다. AI가 도출해주는 결과를 어떻게 수용하고 활용할지가 더욱 중요해졌습니다.

AI 시대에 방대한 정보를 효율적으로 받아들이기 위해서는, 우선 자신이 진정 '아는 것'과 '모르는 것'을 명확히 구분해야 합니다. 이는 지식 수용 알고리즘의 출발점이며, 무수히 쏟아지는 정보 속에서 우선순위를 정하는 핵심 기준이 됩니다. 단순히 책이나 인터넷에서 본 적 있다고 해서 아는 것은 아닙니다. 실제로 그 지식을 활용해 문제를 해결하거나 새로운 가치를 창출해낼 수 있는지가 중요합니다. 그렇지 않다면, 여전히 자신이 '모른다'고 인정하고 학습 대상으로 삼아야 합니다. 이런 태도는 AI의 도움으로 생성된 수많은 보고서나 통계자료를 제대로 소화해내기 위한 필수 요건이 됩니다.

지식 수용 알고리즘에서 두 번째로 중요한 축은 '유용성'입니다. 유용성이란, 단순히 흥미롭거나 신기한 지식이 아니라 실제로 우리

삶이나 비즈니스에 도움이 되는지를 가리는 기준을 말합니다. 예컨대 어떤 정보가 '돈이 되거나 시간을 절약해 준다면' 실용적인 의미에서 유용하다고 볼 수 있습니다. 이런 관점에서, 생성형 AI를 통해 얻은 분석 결과가 매출 증대로 이어지는지, 아니면 작업 시간을 대폭 단축하는지 등을 판단해야 합니다. 정보를 제대로 분류하면, 유용하지만 아직 모르는 지식과 유용하며 이미 아는 지식을 구분할 수 있습니다.

이제 지식 수용 알고리즘의 세부 단계를 조금 더 살펴보겠습니다. 먼저 AI가 데이터를 가공해 정보를 제공한다고 가정해 봅시다. 우리는 이 정보를 마주했을 때, '아는 정보인가? 모르는 정보인가?'라는 질문으로 나누게 됩니다. 만약 아는 정보에 해당한다면, 그 정보의 유용성을 다시 한번 평가해야 합니다. 여기서 '유용한 정보'라면 실제로 적용할 수 있는지, 즉 비즈니스나 일상에 곧바로 활용 가능한지를 살핍니다. 만약 특정 지식이 지금 당장 활용할 수 없는 형태라면, '유용하지만 모르는 정보'로 임시 분류하여 계속 학습할 필요가 있습니다.

결국 우리가 진짜로 '안다'고 할 수 있는 지식은, 곧바로 행동에 옮길 수 있는 형태를 말합니다. 예를 들어, 책에서 이론을 배웠지만 실제 업무에서 이를 적용하지 못한다면, 우리는 그 지식을 완전하게 안다고 말하기 어렵습니다. 반면, 약간은 불완전해 보여도 실질적으로 결과를 낼 수 있다면, 그것은 이미 '아는 지식'이라 할 수 있습니다. 이처럼 AI 시대에는 자신이 활용할 수 있는 지식만이 진정한 의미를 지닙니다. 나머지는 활용을 위해 학습하고 반복 실습을 해야 합니다. 지식 수용 알고리즘은 이 과정을 체계적으로 정리해, 성장 속도를 높여줍니다.

지식 수용 알고리즘은 단순히 정보를 걸러내는 필터가 아니라, 개인의 역량 향상을 돕는 도구이기도 합니다. 왜냐하면 '모르는 정보'에 라벨링된 지식은 곧 학습해야 할 목록이 되기 때문입니다. AI를 활용하면 이 학습 과정도 훨씬 수월해집니다. 예컨대, 모르는 개념이 있으면 ChatGPT에게 설명을 부탁하고, 해당 내용을 요약하거나 사례 중심으로 풀어내도록 요청할 수 있습니다. 이런 방식으로 우리는 보다 짧은 시간에, 보다 정확한 방식으로 새로운 지식을 받아들이고 습득하는 것이 가능합니다.

본 알고리즘이 관광산업에 적용될 때도 마찬가지 원리가 작용합니다. 예를 들어, 여러 지역의 숙박 수요나 관광객 동선 데이터를 AI가 분석해주면, 관계자는 이 정보를 어떻게 활용할지 판단해야 합니다. '아는 정보'이면서 '유용하다면' 바로 상품 개발이나 마케팅 전략에 반영해도 됩니다. 만약 '모르는 정보'인데 중요한 통찰을 담고 있다면, 더 연구하고 학습해 관광객 만족도 향상이나 신규 비즈니스 창출에 쓸 수 있도록 준비해야 합니다. 이렇게 지식 수용 알고리즘을 활용하면, 방대한 관광 데이터를 손쉽게 가공해 창의적인 아이디어로 전환하는 길이 열립니다.

한편, AI 시대에 지식의 확장 속도가 빨라질수록, 정보의 홍수 속에서 자신만의 판단 기준을 갖추는 것이 필수입니다. 지식 수용 알고리즘은 '아는지 모르는지', '유용한지 아닌지'를 구분함으로써 무작정 정보를 쌓아두는 것이 아니라, 실제로 쓸 수 있는 지식에 집중하도록 돕습니다. 이런 방식은 기존에 우리가 무심코 지나쳤던 기회들을 재발견하게 해주며, 개인이나 조직이 목표 지향적으로 움직이도록 유도합니다. AI가 제공하는 무수한 보고서나 분석 결과도, 알고리즘에 따라 분류하고 체화한다면 한층 더 높은 가치를 창출할 수 있습니다.

결론적으로, '지식 수용 알고리즘'은 AI 시대에 지식 습득과 활용을 극대화하는 핵심 전략입니다. 데이터가 정보가 되고, 정보가 지식이 되며, 궁극적으로 지혜에 이르는 네 단계가 AI를 통해 가속화되는 현재 환경에서, 우리는 스스로를 더욱 객관적으로 바라봐야 합니다. 진정으로 아는 지식만이 성과를 만들어내므로, 모르는 지식은 꾸준히 학습하며 활용 방법을 터득해야 합니다. 이렇게 분류하고 활용하는 과정을 반복할수록, 우리는 개인적·사회적으로 더 풍부한 성취를 이룰 수 있습니다. AI가 가져다준 편의와 속도를 토대로, 자신만의 지식 수용 알고리즘을 적극적으로 실천해 보길 권장합니다.

에필로그

현재 많은 AI 교육이 진행되고 있습니다. 안타까운 점이 하나 있습니다. 교육 현장에서는 인공지능(AI) 서비스나 기능 위주의 설명에 그치고 있다는 점입니다. 실질적으로 원리 이해를 기반으로 한 심화 교육으로 이어지는 경우는 아직 많지 않죠. 무엇보다 AI는 활용하고자 하는 분야를 잘 이해하는 전문가가 사용해야 최적의 성과를 낼 수 있습니다. AI는 맞춤형 특성이 강하기에, 적용 분야에 따라 활용 방식이 크게 달라지기 때문이죠.

관광 분야도 마찬가지입니다. 따라서 관광 실무에 특화된 AI 교육이 필요한 상황입니다. 이 책에서는 이러한 문제의식을 토대로 관광 분야에 맞는 AI 활용 방안을 집중적으로 다뤘습니다. 단순한 AI 소개가 아닌 관광 실무 적용을 위한 구체적 아이디어와 방법론을 제시하고자 했습니다.

정리해 보겠습니다. 이 책은 먼저 관광트렌드와 패러다임이 어떻게 변화하는지 살펴보았습니다. 1장에서는 AI를 비롯한 다양한 변수가 관광산업에 미치는 영향과 트렌드의 양상에 대해 다뤘습니다. 이어지는 내용에서는 관광 실무에서 활용할 수 있는 AI 도구를 네 가지 카테고리로 나누어 제시합니다. 이를 통해 여러분들은 지금 당장 여러분의 업무 중 다양한 과업에 곧바로 AI 도구를 활용할 수 있을 것입니다. 나아가 3장에서는 관광 실무에 적용할 수 있는 구체적 활용 사례와 방법을 담았습니다. 관광종사자들이 맞닥뜨릴 수 있는 여러 상황을 상정하여, AI를 적절히 접목하는 방법을 체계적으로 정리했죠.

이번 책은 저자인 제게도 특별한 의미를 지닙니다. 책에 들어갈 내용 기획부터 초안 작성, 나아가 편집 디자인까지 AI의 도움을 적극 활용했습니다. 작년까지만 하더라도 적어도 기획 단계에서 만큼은 AI 도움을 받기는 어려웠습니다. AI에게 아이디어를 제안을 받아도 참신한 아이디어는 받기 어려웠거든요. 그런데 이제 AI와 대화하면서 책을 기획하는 수준까지 AI가 발전했습니다. 책 작업을 하면서 단 1년 만에 이 정도 수준까지 발전한 AI에 감탄할 수밖에 없었습니다.

지금 보시는 책 내지를 편집 및 디자인하는 '인디자인'이라는 프로그램이 있는데요. 인디자인 전문가에게 맡겼던 일을 이제 AI에게 차근차근 물어보면서 책 내지 디자인까지 제가 스스로 하게 되었고, 표지 또한 AI와 함께 디자인 기획을 하고, 이미지 AI 도구를 통해 시안을 뽑아보기도 했습니다. AI 덕분에 전통적으로 글쓰기에만 전념하던 방식에서 벗어나, 창작부터 디자인까지 전 과정을 주도적으로 경험할 수 있었습니다. AI 덕분에 '내가 잘하는 분야만 집중하자'던 기존의 방식을 뛰어넘어, 새로운 도전에 대한 가능성을 열어준 계기가 되었습니다.

AI를 통해 그동안 엄두내지 못했던 인접 분야에 대한 공부를 결과적으로 할 수 있게 되었습니다. 그리고 인접 분야에 대한 공부를 통해 제가 하는 일에 대한 이해도가 높아진 것 같은 기분이 듭니다. 결과적으로 하나의 책을 완성하는 모든 과정을 스스로 주도하며 장인정신을 느낄 수 있었습니다.

AI 시대에는 전반적인 일의 과정 및 구조를 깊이 파악할 필요가 있습니다. 팀 페리스의 베스트셀러 '타이탄의 도구들'에서는 다음과 같이 이야기하고 있습니다. 팀 페리스는 두 가지 이상의 영역에서 탁월함을 발휘해야 경쟁력을 가질 수 있다고 조언합니다. 한 분야에서 절대적 1등이 되는 것보다 서로 다른 분야를 융합해 남다른 경쟁력을 가질 수 있다는 것이죠. 이를 관광산업과 AI에 대입해보면, 단순히 관광 분야 전문성만 가진 것보다 AI 기술을 부분적으로라도 다룰 줄 알아야 앞으로 더욱 빛을 발할 수 있습니다. 즉, 전문성을 유지하되 다른 영역을 결합하여 시너지를 낼 수 있는 능력이 필요합니다. 책을 준비하며 이러한 융합적 사고가 결국 새로운 길을 열어준다는 사실을 몸소 체험했습니다. 그리고 이러한 깨달음은 앞으로의 AI 시대에서도 유효할 것이라 믿습니다.

이처럼 AI 시대에서는 업무 전반을 살필 수 있는 통찰력이 더욱 요구되고 있습니다. 단순히 전문가로서 한 부분에만 집중하기보다는, 전체적 메커니즘을 이해하는 '장인형 인재'가 각광받을 가능성이 커졌습니다. 여행 기획부터 운영, 마케팅 등 모든 과정을 조망할 수 있어야 AI를 효과적으로 활용할 수 있기 때문입니다. AI는 이제 우리가 기계적으로 반복하던 업무를 대체하거나 보조하는 수준을 넘어, 창의적 업무까지도 지원하는 단계에 접어들었습니다. 따라서 일의 전체적 흐름과 깊이 있는 이해가 없으면, AI가 줄 수 있는 이점을 놓치기 쉽습니다. 이 책이 관광 실무 종사자들의 전문성과 AI 지식을 결합해 시너지를 낼 수 있는 도약점이 되길 바랍니다. 미래에는 특정 분야만 아는 전문가보다는, 전체를 꿰뚫는 장인이 되어야 할 것입니다.

AI 기술은 빠르게 진화합니다. 『관광 AI 실무 테크닉』에서 다룬 AI 서비스 중 일부도 시간이 흐르면 사라지거나 바뀔 수도 있습니다. 그러나 AI가 관광산업과 결합하여 만들어낼 미래 방향성 자체는 크게 변하지 않을 것입니다. 새로운 기술의 등장이나 업데이트가 이어진다 해도, 궁극적으로 관광 트렌드는 개인 맞춤형·혁신적 서비스를 향해 발전할 것입니다. 이 책이 지닌 가치는 그러한 흐름의 기본 원리를 설명하고, 실무 적용의 예시를 제시한다는 점에 있습니다. 독자 여러분께서는 이를 토대로 트렌드를 읽고, 자신이 속한 현장에 맞게 창의적으로 변주할 수 있으리라 믿습니다. 지나간 정보는 언젠가 유물이 되겠지만, 근본적인 통찰은 시대를 관통합니다. 이 책이 그 통찰을 얻는 데 작은 도움이라도 되길 바랍니다.

사실 관광산업은 여러 산업 중에서도 융합 가능성이 가장 큰 분야입니다. 역사적 자원에서부터 일상에 스며드는 모든 요소가 관광상품으로 재탄생할 수 있기 때문입니다. 문화유산, 예술, 지역 경제, 심지어 첨단 기술까지도 관광과 접목하면 무궁무진한 가능성이 열립니다. 따라서 이 책을 읽는 분들께서는 '관광'이라는 개념을 좁게 해석하지 않길 바랍니다. 그 경계를 넓게 설정하면, 마케팅과 홍보, 커뮤니케이션 전략 등도 관광산업과 함께 융합할 수 있습니다. 이는 결국 AI와의 결합에도 동일하게 적용되어, 더 큰 시너지를 기대할 수 있게 합니다. 관광을 보는 넓은 시야가 곧 AI를 접목할 수 있는 폭을 넓혀준다는 사실을 기억해 주시길 바랍니다.

책을 집필하는 동안에도 AI는 계속해서 업데이트되었습니다. 2025년 CES에서는 엔비디아의 젠슨 황이 'Physical AI'라는 개념을 화두로 제시했습니다. 이는 AI가 클라우드상의 소프트웨어를 넘어, 실제 물리적 로봇과 결합하여 작동하는 단계를 의미합니다. 관광산업에서는 대면 서비스 업무를 로봇이 수행할 수 있게 될 것이라는 전망도 가능하게 만듭니다. 안내 데스크나 호텔 리셉션 등 사람이 직접 담당하던 영역이 점차 기계로 대체될 수도 있다는 뜻입니다. 물론 이는 일자리에 대한 우려로 이어질 수 있지만, 한편으로는 더 창의적이고 전략적인 업무 기회를 열어줄 수도 있습니다. 결국 AI가 가져다주는 변화에 대해 편협한 시선이 아니라, 능동적으로 적응하는 자세가 중요해집니다. 이 책에서도 이러한 변화의 흐름 속에서 관광인들이 어떤 방향으로 역량을 쌓아야 할지 고민을 담았습니다.

또 한 가지 중요한 변화를 이끄는 개념으로 '에이전트(Agent)'가 있습니다. 2025년 1월, ChatGPT가 출시한 'Task' 기능은 특정 시간을 설정하여 AI에게 업무를 맡길 수 있게 합니다. 예컨대 매일 아침 9시에 오늘의 뉴스를 브리핑하도록 요청하면, 정해진 시간에 자동으로 브리핑을 제공받게 됩니다. 이에 더해 '오퍼레이터(Operator)' 기능은 더욱 진화된 형태의 자동화 업무를 가능하게 합니다. '쿠팡에서 5만 원 예산 내로 청소용품을 찾아 장바구니에 담아달라'고 요청하면, AI가 사이트를 직접 탐색하여 작업을 수행하는 식입니다. 이러한 기능은 점차 일상 속에서 다양한 서비스와 결합해 우리의 업무방식을 바꿔갈 것입니다. 관광 분야에서도 예약, 고객 관리, 마케팅 등 여러 영역에서 에이전트를 활용할 수 있을 것으로 보입니다.

이처럼 AI가 하루가 다르게 발전하는 상황에서, 우리에게 필요한 것은 끊임없는 학습과 대응입니다. 기존 방식에만 머물러서는 빠르게 변하는 경쟁 구도에서 뒤처질 수밖에 없습니다. 관광 분야 또한 디지털 기술과 융합하여 새로운 사업모델을 만들고, 효율적인 운영을 도모해야 합니다. 일상 업무를 자동화해 시간을 절약하고, 보다 창의적인 작업에 역량을 집중하는 구조를 마련해야 합니다. 이를 위해선 기본적인 AI 원리부터 실무 적용 사례까지 폭넓게 익히는 것이 도움이 됩니다. 이 책은 그 기초적 발판을 제공하고, 독자들이 실제 환경에서 적용할 수 있도록 가이드라인을 제시하고 있습니다. 또한, 이를 토대로 독자 여러분이 더욱 깊은 학습과 연구를 이어나가기를 기대합니다.

AI 시대에 맞춰 우리는 어떤 역할을 맡고, 어떤 역량을 키워야 할까요? 관광 업무를 포함해 대부분의 산업에서는 전문성과 융합 능력이 함께 요구되고 있습니다. 즉, 본인이 맡은 분야의 이해가 깊을수록 AI를 적절히 활용하여 부가가치를 창출하기 수월해집니다. 반면, 별다른 전문성 없이 중간 과정만 관리하던 역할은 AI가 대체하기 쉬운 부분이 될 것입니다. 그렇기에 조속히 자신의 업무 전반을 통찰하고, AI 활용 능력을 동시에 갖추는 것이 현명한 선택입니다. 관광산업에서는 고객의 만족도와 경험을 높이는 일에 인간만의 감각과 창의성이 필요합니다. 이러한 인간적 역량에 AI의 분석력과 자동화 기능이 결합한다면, 미래의 관광산업은 더 풍부하고 다채로운 서비스를 제공할 수 있을 것입니다.

이 책이 세상에 나오는 순간부터, 일부 내용은 과거의 이야기가 될 수 있습니다. 책을 퇴고하는 와중에도 ChatGPT는 o3-mini와 o3-mini-high 모델을 추가했고, 중국의 AI 스타트업이 개발한 DeepSeek는 미국주식시장에 큰 충격을 주기도 했습니다. 그러나 이 책이 제시하는 큰 흐름과 방향성, 그리고 관광 실무에 AI를 적용하려는 시도들은 결코 헛되지 않을 것입니다. 무엇보다 빠르게 진화하는 시대에, 지금 이 순간 할 수 있는 최선의 준비가 중요합니다. 관광이라는 넓은 무대를 배경으로, AI라는 강력한 도구를 효과적으로 활용한다면 새로운 가능성이 무한히 열릴 것입니다. 이 책이 그러한 도전의 출발점이 되어, 독자 여러분이 변화하는 흐름에 한 발 앞서 나갈 수 있길 바랍니다. AI 시대가 가져다줄 혁신은 이미 우리 앞에 와 있으며, 이제는 이를 어떻게 받아들이고 적용하느냐가 관건입니다. 앞으로의 여정에 이 책이 조금이나마 도움이 되길 바랍니다.